m Umschlagsmotiv

r Autor hat in seinem Bestreben für den Weltfrieden an n unterschiedlichsten Orten Ansprachen gehalten. In esem Buch sind vier Reden aus vier verschiedenen Stätten gedruckt. Das Umschlagsmotiv zeigt, wo die Ansprachen halten wurden: Im Capitol in Washington D.C. (USA); im ntrum für Innere Führung der Bundeswehr in Koblenz ier Symbolbild: Reichstag); in der Bait-ul-Futuh-Moschee zu ndon (Vereinigtes Königreich) und im Britischen Parlament, m House Of Commons, in London (von links oben ginnend, dem Uhrzeigersinn nach) .

بِسۡمِ اللّٰہِ الرَّحۡمٰنِ الرَّحِیۡمِ ﴿۱﴾

Die Weltkrise und der Weg zum Frieden

Eine Zusammenstellung von Ansprachen und Briefen

Von Hadhrat Mirza Masroor Ahmad[atba]
Fünfter Kalif des Verheißenen Messias[as]
Oberhaupt der Ahmadiyya Muslim Gemeinde

Die Weltkrise und der Weg zum Frieden
von Hadhrat Mirza Masroor Ahmad[atba]

Das Original erschien unter dem Titel:

World Crisis And The Pathway To Peace

Erste deutsche Übersetzung/Auflage 2012

Verantwortlich für die Veröffentlichung dieses Buches:
© VERLAG DER ISLAM
Genfer Straße 11
D - 60437 Frankfurt am Main
Mehr Informationen unter www.verlagderislam.de

ISBN 978-3-944277-00-4
PRINTED IN GERMANY

Vorwort

Die Absicht des Islam ist es, den Menschen zu lehren, wie er Frieden erlangen kann – sowohl mit sich selbst als auch mit seinem Schöpfer. Unter göttlicher Führung begann der Heilige Prophet Muhammad[saw], der Heilige Gründer des Islam, vor 1400 Jahren damit, diese Botschaft der Menschheit zu übermitteln. Er unternahm jede Anstrengung, um sicherzustellen, dass diese Botschaft soweit wie möglich verbreitet wurde, und er machte den außergewöhnlichen Schritt, persönlich den größten Königen und Herrschern seiner Zeit zu schreiben, und versicherte ihnen, dass sie mit Frieden und Wohlstand gesegnet werden würden, wenn sie die Lehren des Islam annähmen.

Heute, in dieser Ära und Zeit, und in Erfüllung der Prophezeiungen des Heiligen Propheten Muhammad[saw], berief Gott Seine Heiligkeit Mirza Ghulam Ahmad[as], einen wahren und äußerst aufrichtigen Diener des Heiligen Propheten[saw], dazu, den Glauben zu regenerieren und in den Herzen der Menschen die Liebe zu Gott zu wecken, so dass sie wieder die Wege des Friedens lernen und vor Zerstörung bewahrt sein mögen.

Die Briefe, die kürzlich von Hadhrat Mirza Masroor Ahmad[aba], dem fünften Nachfolger des Verheißenen Messias[as], an verschiedene Staatsoberhäupter und Weltpolitiker gesandt wurden, sind eine Fortsetzung der Aufgabe, die der Heilige Prophet[saw] vierzehn Jahrhunderte zuvor begonnen hatte.

Seine Heiligkeit ist auch weit gereist, um persönlich jene anzusprechen, die verantwortlich sind für die Führung der größten Nationen in der Welt. Seine Ansprachen und Briefe warnen vor einer herannahenden Weltkrise, welche die natürliche Folge ungerechter und inhumaner Finanz- und Polit-Strategien ist, die unaufhörlich die Spannungen zwischen den Weltvölkern erhöhen.

Die Lösung für das Dilemma der Welt, so sagt Seine Heiligkeit, liegt in Befolgung der Koranischen Lehren der vollkommenen Gerechtigkeit.

Er mahnt die Weltpolitiker, Strategien zu verfolgen, die auf Gleichheit, Gerechtigkeit und religiöser Freiheit basieren, und aufzuhören, Vorgehensweisen zu verfolgen, die mit dem Gedanken kurzsichtigen und kurzweiligen Selbstnutzens ersonnen wurden und auf der ungerechten und unlauteren Ausbeutung schwächerer Nationen und ihrer natürlichen Ressourcen beruhen.

Möge Gott, mit Seiner Gnade und Barmherzigkeit, die Herzen der Menschen dafür öffnen, diese Botschaft anzunehmen. (Amin)

Die Zusammenstellung der originalen englischen Version dieses Buches wurde Herrn Usman Nasir Choudhary aus den USA überantwortet. Er wurde unterstützt von Herrn Salman Sajid, Herrn Abdul Wahab Mirza, Herrn Dr. Waseem Sayed und Frau Maryam Choudhary. Ebenso danke ich für die Hilfe von Herrn Amer Safir, Chefredakteur und Manager der Zeitschrift „The Review of Religions" und Herrn Omair Aleem, Verantwortlicher für Makhzan-e-Tasaweer (Bildarchiv). Möge Allah sie alle reichlich belohnen. Amin.

Munir-ud-Din Shams
Additional Wakilut Tasnif,
London im August 2012

Zur deutschen Ausgabe

Da es sich hierbei um eine weitgehend unveränderte Übersetzung der englischen Originalausgabe handelt, wurde das Vorwort der englischen Ausgabe übernommen.
Die einzelnen Ansprachen wurden von folgenden Personen übersetzt:

- *„Islamische Perspektiven auf die Weltkrise"* von Hadayatullah Hübsch
- *„Liebe und Loyalität zum Heimatland"* von Tariq Hübsch
- *„Auf der Schwelle zum Atomkrieg - Ein internationaler Aufruf zum Frieden"* von Afshan Qureshi und Aisha Ahmad
- *„Wege zur Gerechtigkeit - Der islamische Ansatz zu einer friedlichen Welt"* von Afshan Qureshi und Aisha Ahmad

Vorwort, Einführung, diverse Elemente aus den Ansprachen sowie viele Briefe des Kalifen and die Führer der Welt wurden von Attia-Nuur Ahmad-Hübsch übersetzt. Einige andere Briefe des Kalifen wurden von der Jugendorganisation der Ahmadiyya Muslim Gemeinde, der Khuddam-ul-Ahmadiyya, übersetzt. Lektorat und Satz bewerkstelligte Tariq Hübsch, Layout und Umschlgsgestaltung hat Qamar Mahmood erbracht. Möge Allah sie allesamt segnen.

Mubarak Ahmad Tanveer
Publikationsabteilung Ahmadiyya Muslim Jamaat Deutschland
Frankfurt am Main im November 2012

Einführung

Die Welt durchlebt im Moment sehr turbulente Zeiten. Die globale ökonomische Krise fährt darin fort, nahezu jede Woche neue und schwerwiegendere Gefahren zu offenbaren. Die Ähnlichkeiten zu der Zeit kurz vor dem Zweiten Weltkrieg werden immer häufiger angeführt, und es scheint offensichtlich, dass die Ereignisse die Welt mit beispielloser Geschwindigkeit in Richtung eines schrecklichen Dritten Weltkrieges bewegen. Es herrscht ein überwältigendes Gefühl, dass die Dinge in rasendem Tempo außer Kontrolle geraten, und die Menschen suchen nach jemandem, der hervortreten soll, um konkrete, solide Führung anzubieten, in welche sie vertrauen können und die ihr Herz und ihren Verstand gleichermaßen anspricht und ihnen die Hoffnung gibt, dass es einen Weg gibt, der zum Frieden führen kann. Die Konsequenzen eines nuklearen Krieges sind derart katastrophal, dass niemand gar daran zu denken wagen mag.

Hier, in diesem Buch, haben wir jene Richtlinien gesammelt, die Seine Heiligkeit Mirza Masroor Ahmad[aba], Oberhaupt der weltweiten Ahmadiyya Muslim Jamaat, vorgelegt hat. Während der letzten Jahre, als die Ereignisse sich entfalteten, kündigte er der Welt furchtlos an, in welche Richtung sich die Dinge hin entwickelten – nicht, um Alarm zu schlagen, sondern um sie darauf vorzubereiten, darüber nachzudenken, wie die Welt diesen momentanen Zustand erreicht hat und wie sie Unheil abwenden und einen Kurs festlegen kann in Richtung Frieden und Sicherheit für alle Menschen, die in diesem globalen Dorf leben. Er hat offen kundgetan, dass der einzige Weg, um Frieden zu sichern, lautet, dass die Welt Pfade der Demut und Gerechtigkeit einschlägt und sich demütig und gehorsam Gott zuwendet; der Mensch menschlich wird; der Starke den Schwachen mit Würde und Respekt behandelt und der Schwache und Arme auch Dankbarkeit zeigt und sich Wahrhaftigkeit und Rechtschaffenheit aneignet, sowie dass alle

sich ihrem Schöpfer in äußerster Demut und vollkommener Aufrichtigkeit zuwenden.
Wieder und wieder hat er alle und jeden dazu ermahnt, dass der Weg zurück vom Rande des Desasters für Nationen bedeutet, Gerechtigkeit zu einer absoluten Voraussetzung ihrer Interaktionen zu machen. Selbst wenn Feindschaft zwischen ihnen herrscht, müssen sie dennoch Gerechtigkeit wahren, denn die Geschichte hat uns gelehrt, dass dies die einzige Methode ist, um alle Spuren für zukünftige Feindschaften auszulöschen und demzufolge dauerhaften Frieden zu schaffen.
Dies ist die Lehre des Heiligen Korans, die er in seinen Briefen an die Weltpolitiker betonte:

> „Es soll euch die Feindseligkeit eines Volkes, so es euch an der Heiligen Moschee hinderte, nicht zur Übertretung verführen. Und helfet einander in Rechtschaffenheit und Frömmigkeit; doch helfet einander nicht in Sünde und Übertretung. Und fürchtet Allah, denn Allah ist streng im Strafen." *(Sura Al Maidah, 5:3)*

In seinem Brief an den Premierminister von Israel schrieb er:

> „Es ist daher meine Bitte an Sie, anstatt die Welt in den Zustand eines Weltkriegs zu versetzen, die Welt mit maximalen Bemühungen vor einer globalen Katastrophe zu bewahren. Anstatt Konflikte mit Gewalt zu lösen, sollten Sie diese mittels Dialog lösen, damit wir unsere künftigen Generationen mit einer vielversprechenden Zukunft beschenken können, anstatt sie mit einer der Behinderung und Mängel zu bescheren."

Den Präsidenten der Islamischen Republik Iran mahnte er:

> „Die Welt befindet sich momentan in einem Zustand von großer Aufruhr und Rastlosigkeit. In einigen Regionen haben sich

Kriege auf regionaler Ebene entfacht, während in anderen Teilen der Erde die Großmächte unter dem Vorwand der Friedensförderung tätig sind. Jedes Land ist in Aktivitäten verwickelt, die entweder andere Länder stützen oder schwächen, ohne jedoch dabei den Anforderungen der Gerechtigkeit Genüge zu leisten. Nur mit großem Bedauern kann beim Beobachten der aktuellen Geschehnisse auf der Welt festgestellt werden, dass das Fundament für einen erneuten Weltkrieg bereits gelegt ist."

Präsident Obama erklärte er:

„Wie allseits bekannt ist, waren die Hauptgründe, die zum Zweiten Weltkrieg führten, das Versagen des Völkerbundes und die Weltwirtschaftskrise, welche 1932 ihren Lauf nahm. Führende Wirtschaftswissenschaftler sehen heute zahlreiche Parallelen zwischen der kontemporären Weltwirtschaftskrise und jener von 1932. Wir beobachten wie Kriege zwischen kleineren Nationen aufgrund politischer und wirtschaftlicher Streitigkeiten entfachen und innere Uneinigkeit und Unzufriedenheit in den Ländern überhandnehmen. Dies wird schließlich zu Kräften führen, die zum Regierungsapparat aufstreben, die uns letztendlich zum Weltkrieg führen werden. Sollten in den kleineren Ländern die Konflikte nicht durch Politik und Diplomatie gelöst werden können, werden neue Blöcke und Lager auf der politischen Weltkarte entstehen. Dies wird letztendlich der Wegbereiter für den Ausbruch eines Dritten Weltkriegs werden. Infolgedessen bin ich davon überzeugt, dass es weitaus wichtiger, ja essentiell ist, unsere Bemühungen dringend zu intensivieren, die Welt vor einer Zerstörungzu retten, anstatt unseren Fokus auf den Fortschritt der Welt zu legen. Es besteht ein dringendes Bedürfnis, dass die Menschheit den Einen Gott, unseren Schöpfer, erkennt, denn dies ist der einzige Garant für das Überleben der Menschheit. Andernfalls nähert sich die Welt weiterhin mit großen Schritten der Selbstzerstörung."

Premier Wen Jiabao der Volksrepublik China schrieb er:

> „Ich bete, dass die Weltpolitiker mit Weisheit agieren mögen und nicht zulassen, dass wechselseitige Feindschaften zwischen Nationen und Völkern auf kleiner Ebene in einen globalen Konflikt ausufern."

Und zum Premierminister von Großbritannien schrieb er:

> „Es ist meine Bitte, dass wir auf jeder Ebene und in jeder Richtung unser bestmögliches versuchen müssen, die Flammen des Hasses und der Feindschaften auszulöschen. Nur wenn wir in dieser Bemühung erfolgreich sind, wird es uns möglich sein, unseren kommenden Generationen eine strahlendere Zukunft zu garantieren. Falls wir jedoch bei dieser Aufgabe versagen, sollten wir keine Zweifel daran haben, dass als Resultat nuklearer Kriegsführung unsere zukünftigen Generationen überall die schrecklichen Konsequenzen unserer Handlungen zu ertragen haben werden, und sie werden ihren Älteren nie vergeben, die Welt in eine globale Katastrophe geführt zu haben. Ich weise Sie erneut darauf hin, dass Großbritannien auch eines jener Länder ist, dass Einfluss ausüben kann und tut, sowohl bei den Industrienationen als auch in den Entwicklungsländern. Sie können dieser Welt die Richtung weisen, so Sie es denn wollen, indem sie die Voraussetzungen von Gleichheit und Gerechtigkeit erfüllen. Daher sollten Großbritannien und andere Großmächte ihren Anteil dazu beitragen, einen Weltfrieden zu etablieren. Möge Gott, der Allmächtige, Sie und andere Weltpolitiker dazu befähigen, diese Botschaft zu verstehen."

Wir beten aufrichtig, dass die hierin gesammelte Rechtleitung in dieser Zeit großer Gefahr als Quelle der Führung für die Menschheit dienen möge, so dass durch das Handeln nach den Prinzipien der Gerechtigkeit und Demut und durch die Hinwendung zu Gott der Mensch mit dauerhaftem Frieden gesegnet sein möge. Amin.

Ansprachen

Die islamische Perspektive auf die Weltkrise

Britisches Parlament, The House Of Commons, London im Oktober 2008

Reception at the Houses of
Parliament on 22nd Oct 2008
for Hadhrat Mirza Masroor
Ahmad, Khalifatul Masih V
FIRE EXIT

Vorwort

Historische Ansprache von Seiner Heiligkeit Mirza Masroor Ahmad[aba], der fünfte Kalif des Verheißenen Messias[as] und Oberhaupt der weltweiten Ahmadiyya Muslim Gemeinde, gehalten im House Of Commons (Britisches Parlament) am 22. Oktober 2008.

Der Empfang wurde zu Ehren des 100jährigen Bestehens des Kalifentums der Ahmadiyyat organisiert von Justine Greening, MP von Putney, dem Heimatort der Fazl-Moschee, der Zentrale der Ahmadiyya Muslim Gemeinde

Dem Empfang beigewohnt haben auch Gilian Merron MP, Rt Hon Hazel Blears MP, Alan Keen MP, Dominic Grieve MP, Simon Hughes MP, Lord Eric Avebury sowie weitere renommierte Vertreter von Presse und Politik.

Die islamische Perspektive auf die Weltkrise

Im Namen Allahs, des Gnädigen und immer Barmherzigen

Sehr geehrte Gäste,
Assalam-o-Alaikum Wa Rahmatullahe Wa Barakatohu
Frieden und Segnungen Allahs seien mit Ihnen.

Zuallererst möchte ich all den respektvollen und ehrwürdigen Mitgliedern des Parlaments und den Gästen danken, die einem Oberhaupt einer religiösen Gemeinschaft erlaubt haben, einige Worte an sie zu richten. Ich bin unserer für unser Wohngebiet zuständigen Parlamentsabgeordneten Justine Greening äußerst dankbar, die so viel getan hat, um diese Veranstaltung einer kleinen Gemeinde ihres Wahlbezirks willen zu organisieren, die das Jahrhundert-Jubiläum ihres Kalifentums begeht. Das zeigt ihre Größe, ihre Offenherzigkeit und ihre Anteilnahme an den Gefühlen eines jeden Menschen und einer jeden Gemeinschaft in ihrem Wahlbezirk.
Obwohl die Ahmadiyya Muslim Gemeinde eine kleine Gemeinschaft ist, ist sie doch eine Bannerträgerin und die Verkörperung der wahren Lehren des Islam. Gleichwohl muss ich betonen, dass jeder Ahmadi, der in Großbritannien lebt, ein außerordentlich loyaler Bürger dieses Landes ist und es liebt; dies ist so wegen der Lehren unseres Propheten[saw], der uns davon unterrichtet hat, dass Liebe zum Heimatland ein unverzichtbarer Bestandteil des Glaubens ist. Die Lehren des Islam sind weiter herausgearbeitet und erläutert worden durch den Begründer der Ahmadiyya Gemeinde, an den wir als den Verheißenen Messias[as] und Reformer dieses Zeitalters glauben.

Er sagte, als er seinen Anspruch verkündete, dass Gott der Allmächtige ihm zwei Bürden auferlegt habe. Die eine betrifft das Recht Gottes und die andere jenes von Gottes Schöpfung.
Er fuhr fort und sagte, dass die Rechte gegenüber Gottes Schöpfung auszuüben, die schwierigste und heikelste Herausforderung sei.

Über das Kalifentum der Ahmadiyya Muslim Gemeinde

Bezüglich des Kalifentums mögen Sie vielleicht die Furcht hegen, dass eine Zeit kommen wird, wenn die Geschichte sich selbst wiederholt, und dass aus dieser Art von Führerschaft Kriege entspringen werden. Lassen Sie mich Ihnen deswegen versichern, dass, obwohl diese Anschuldigung gegen den Islam erhoben wird, so Gott will das Ahmadiyya-Kalifentum immer als Bannerträger des Friedens und der Harmonie in der Welt bekannt sein wird. Und zudem als loyal gegenüber dem Land, in dem seine Mitglieder wohnen.
Das Ahmadiyya-Kalifentum ist auch da, um die Mission des Messias und Mahdis[as] durchzuführen und fortzusetzen, also gibt es überhaupt keinen Grund, das Kalifentum zu fürchten. Dieses Kalifentum zieht die Aufmerksamkeit der Mitglieder der Gemeinde auf die Erfüllung dieser zwei Verpflichtungen, um deretwillen der Verheißene Messias[as] kam, und als Ergebnis dessen versucht es, Frieden und Harmonie in der Welt zu schaffen.

Befürchtungen vor einem Weltkrieg

Wegen der auferlegten Zeitbeschränkung komme ich nun zum Thema meines Vortrags. Wenn wir die jüngst vergangenen Jahrhunderte unparteiisch begutachten, dann werden wir feststellen, dass die Kriege dieser Zeitspanne nicht wirklich religiöse Kriege gewesen sind. Sie waren vielmehr eher geopolitischer Natur. Sogar bei den heutigen Konflikten und Feindschaften unter den Nationen beobachten wir, dass sie aus politischen, territorialen und ökonomischen Interessen heraus entstehen.

Es ist meine Befürchtung, dass angesichts der Richtung, in der sich die Angelegenheiten heutzutage entwickeln, die politische und ökonomische Dynamik der Länder der Welt zu einem Weltkrieg führen kann. Es sind nicht nur die ärmeren Länder der Welt, sondern auch die reicheren Nationen, die dadurch betroffen sind. Deswegen ist es die Pflicht der Supermächte, sich zusammenzusetzen und eine Lösung zu finden, wie die am Rande einer Katastrophe stehende Menschheit gerettet werden kann.

Britannien ist auch eines jener Länder, die Einfluss auf die gut situierten Länder, als auch auf die unterentwickelten Länder ausüben kann und dies auch tut. Sie können die Welt leiten, wenn Sie es so wünschen, indem Sie die Bedürfnisse von Gleichheit und Gerechtigkeit erfüllen.

Wenn wir uns die jüngste Vergangenheit anschauen, dann herrschte Britannien über viele Länder und hinterließ einen hohen Standard von Gerechtigkeit und religiöser Freiheit, insbesondere auf dem Subkontinent von Indien und Pakistan. Die Ahmadiyya Muslim Gemeinde hat dies miterlebt und der Begründer der Ahmadiyya Gemeinde hat die Britische Regierung für ihre Politik der Gerechtigkeit und dafür, dass sie religiöse Freiheit gewährleistete, gepriesen. Als der Begründer der Ahmadiyya Gemeinde Ihrer Majestät, der Queen Victoria, zu ihrem Diamantenen Jubiläum gratulierte und ihr die Botschaft des Islam überbrachte, betete er insbesondere, dass angesichts der Art, in der die Britische Regierung die Bedürfnisse von Gerechtigkeit in Gleichheit ausübt, Gott der Allmächtige sie generös belohnen möge. Somit zeigt unsere Geschichte, dass wir diese Form der Gerechtigkeit immer gewürdigt haben, wann immer sie von Britannien ausgeübt wurde, und wir hoffen, dass auch in Zukunft Gerechtigkeit ein hervorstechendes Merkmal der Britischen Regierung nicht nur in religiösen Angelegenheiten, sondern in jeglicher Hinsicht bleiben wird und dass Sie niemals die guten Qualitäten der Vergangenheit vergessen werden.

Retten Sie die Welt vor der Zerstörung

Heutzutage existiert eine große Aufregung und Unruhe in der Welt. Wir sehen Kleinkriege ausbrechen, während in einigen Gebieten die Supermächte beanspruchen, dass sie versuchen und in der Lage seien, Frieden zu bringen. Aber wenn die Bedingungen von Gerechtigkeit nicht erfüllt werden, können die Feuersbrünste und Flammen dieser lokalen Kriege sich ausbreiten und die ganze Welt erfassen. Deswegen lautet meine demütige Bitte Ihnen gegenüber, die Welt vor der Zerstörung zu retten!

Nun werde ich kurz erwähnen, was die Lehren des Islam dazu sagen, wie Frieden in der Welt geschaffen werden kann, oder wie Frieden in der Welt im Lichte dieser Lehren hergestellt werden kann. Es ist mein Gebet, dass, um Frieden in der Welt herzustellen, jene, die eingangs angesprochen waren, also die Muslime, in die Lage versetzt werden, danach zu handeln, indes ist es aber eine Pflicht aller Länder der Welt-Supermächte oder Regierungen, danach zu handeln.

In unseren Tagen und unserem Zeitalter, wenn die Welt buchstäblich zu einem globalen Dorf zusammengeschrumpft ist, und das auf eine Weise, die man sich zuvor nicht hatte vorstellen können, müssen wir unsere Verantwortlichkeiten als menschliche Wesen begreifen und sollten versuchen, unsere Aufmerksamkeit der Lösung jener Menschenrechtsfragen zu widmen, die helfen können, Frieden in der Welt

zu schaffen. Offensichtlich müssen diese Bemühungen auf Fairplay und den Bedingungen der Gerechtigkeit gründen.
Unter den Problemen von heute ist ein Problem entstanden, auch wenn nicht direkt, dann doch indirekt, aufgrund von Religion. Einige Gruppen von Muslimen bedienen sich im Namen der Religion ungesetzlicher Angriffe und Selbstmordattentäter, um Nicht-Muslime zu töten und ihnen zu schaden, einschließlich Soldaten und unschuldige Zivilisten, und töten gleichzeitig brutal unschuldige Muslime und Kinder. Diese grausame Handlungsweise ist für den Islam völlig inakzeptabel. Aufgrund diese furchtbaren Verhaltens einiger Muslime ist in den Ländern von Nicht-Muslimen ein völlig falscher Eindruck vom Islam entstanden und als Ergebnis dessen sprechen einige Teile der Gesellschaft offen gegen den Islam, während andere, wenn sie auch nicht offen Stellung beziehen, keine gute Meinung vom Islam in ihren Herzen tragen. Es hat Misstrauen in den Herzen der Menschen der westlichen und nicht-muslimischen Länder hervorgerufen, und anstatt dass sich die Situation verbessert, verschlimmert sich die Einstellung der Nicht-Muslime tagtäglich.

Zu den Muhammad-Karikaturen

Ein fundamentales Beispiel dieser irrtümlichen Reaktion ist der Angriff auf den Charakter des Heiligen Propheten des Islam[saw] und auf den Heiligen Koran, das Heilige Buch der Muslime. Diesbezüglich entsprach die Haltung der Britischen Politiker, welcher Partei sie auch angehören, wie auch der Intellektuellen Britanniens nicht dem, was andere Politiker einiger anderer Länder gezeigt haben, und ich danke Ihnen dafür. Worin könnte der Nutzen liegen, solche Gefühle zu verletzen, wenn nicht, dass Hass und Abneigung zunehmen? Dieser Hass wiederum spornt gewisse extremistische Muslime an, unislamische Taten zu begehen, die wiederum weitere Gelegenheiten für eine Reihe von Nicht-Muslimen schaffen, ihre Opposition zu verstärken. Wie auch immer, jene, die keine Extremisten sind und die den Heiligen Propheten des Islam[saw] aus tiefstem Herzen lieben, werden durch solche Angriffe auf peinigende Art und Weise verletzt, und unter diesen steht die Ahmadiyya Gemeinde an allererster Stelle. Unsere einzigartige, wichtigste Aufgabe besteht darin, der Welt den vollkommenen Charakter des Heiligen Propheten[saw] und die schönen Lehren des Islam zu zeigen. Wir, die wir alle Propheten (Frieden sei auf all ihnen) respektieren und ehren und glauben, dass sie alle Botschafter sind, die von Gott gesandt wurden, vermögen nicht, gegen auch nur einen von ihnen etwas Herabsetzendes zu sagen; aber wir sind zutiefst traurig, wenn wir grundlose, unwahre Vorwürfe gegen unseren Propheten[saw] vernehmen.

Heutzutage, da die Welt in Blöcke aufgeteilt wird, da der Extremismus eskaliert, da die finanzielle und ökonomische Situation sich verschlechtert, gibt es ein dringendes Bedürfnis, alle Arten von Hass zu beenden und den Grundstein für Frieden zu legen. Dies kann nur dadurch geschehen, indem jegliche Form von Gefühlen anderer respektiert wird. Wenn das nicht auf angemessene Weise geschieht, ernsthaft und mit Rechtschaffenheit, wird sich alles in unkontrollierbare Umstände verändern. Ich würdige, dass ökonomisch gesunde westliche Länder großzügigerweise den Menschen armer oder unterentwickelter Länder gestattet haben, sich in ihren jeweiligen Ländern niederzulassen, und darunter befinden sich auch Muslime.

Ein Prinzip für den Frieden

Wahre Gerechtigkeit verlangt, dass die Gefühle und die religiöse Praxis dieser Menschen ebenso gewürdigt werden sollten. Dies ist der

Weg, durch den der menschliche Gemütsfrieden unversehrt gehalten werden kann. Wir sollten daran denken, dass dann, wenn der Gemütsfrieden einer einzelnen Person gestört ist, ebenso der Gemütsfrieden der gesamten Gesellschaft davon betroffen ist.

Somit, wie ich schon zuvor sagte, bin ich dem Britischen Gesetzgeber und den Politikern hier dankbar dafür, dass sie die Anforderungen von Gerechtigkeit erfüllen und sich nicht in solche Angelegenheiten einmischen. Dies, in der Tat, ist die Lehre des Islam, die uns durch den Heiligen Koran gegeben wird. Der Heilige Koran legt fest:

„In Glaubensdingen darf es keinen Zwang geben"
(Sure 2 Vers 257)

Dieses Gebot begegnet nicht nur der Anschuldigung, dass der Islam durch das Schwert verbreitet worden sei, sondern sagt auch den Muslimen, dass die Annahme des Glaubens eine Sache zwischen Mensch und seinem Gott ist, und dass sie diese Beziehung auf keine Weise stören sollten. Jedem ist es erlaubt, entsprechend seiner Glaubensvorstellungen zu leben und seine religiösen Rituale zu vollziehen. Wenn jedoch irgendeine Handlungsweise im Namen der Religion anderen Schaden zufügt oder sich gegen die Gesetze des Landes richtet, dann dürfen die Gesetzesvertreter des Staates zur Tat schreiten, denn wenn irgendein grausames Ritual von irgendeiner Religion praktiziert wird, dann kann dies nicht die Lehre eines Propheten Gottes sein. Dies ist ein grundlegendes Prinzip, um Frieden sowohl auf lokaler als auch auf internationaler Ebene zu bewirken.

Darüber hinaus lehrt uns der Islam, dass, wenn als Ergebnis Ihres Glaubenswechsels irgendeine Gesellschaft oder Gruppe oder eine Regierung versucht, sich in die Ausübung einer religiösen Praxis einzumischen, und sich dann die Umstände zu Ihren Gunsten verändern, Sie hernach keinen Groll oder Übelwollen an den Tag legen sollten.

Sie sollten dann nicht auf Rache sinnen, sondern vielmehr Gerechtigkeit und Gleichheit einführen. Der Heilige Koran sagt:

> „O die ihr glaubt! Seid standfest in der Sache Allahs und wahrt Gerechtigkeit; und lasst nicht die Feindschaft eines Volkes euch anstacheln, anders denn in Gerechtigkeit zu handeln. Seid immer gerecht, das ist der Rechtschaffenheit näher. Und fürchtet Allah. Wahrlich, Allah ist dessen bewusst, was ihr tut.“ *(Sure 5 Vers 9)*

Dies ist die Lehre, um Frieden in der Gesellschaft zu erzielen. Weicht niemals von Gerechtigkeit ab, auch nicht um eines Feindes willen.
Die frühe Geschichte des Islam zeigt uns, dass man dieser Lehre folgte und alle Anforderungen von Gerechtigkeit erfüllt wurden. Ich kann jetzt nicht zu viele Beispiele dafür anführen, aber die Geschichte ist Zeuge für die Tatsache, dass der Heilige Prophet[saw] nach dem Sieg in Mekka keinerlei Rache gegenüber jenen ausübte, die ihn grausam behandelt hatten, sondern er vergab ihnen und erlaubte ihnen, an ihrem jeweiligen Glauben festzuhalten. Heutzutage kann Frieden nur dann geschaffen werden, wenn alle Anforderungen von Gerechtigkeit auch gegenüber den Feinden beachtet werden, nicht nur in Kriegen gegenüber religiösen Extremisten, sondern auch in allen anderen Kriegen. Und nur ein solcher Frieden ist langanhaltend.
Im vergangenen Jahrhundert wurden zwei Weltkriege ausgetragen. Was immer auch die Ursachen dafür gewesen waren, wenn wir uns tief mit der Sache beschäftigen, ragt nur ein Grund wirklich heraus. Und das ist der, dass bereits zu Beginn keine richtige Gerechtigkeit ausgeübt wurde. Als Reaktion ergab sich das, was man als erloschenes Feuer angesehen hatte, als Schlacke, die unterschwellig weiterglomm, bis sie schließlich in Flammen ausbrach und die ganze Welt ein zweites Mal umfasste.

Heutzutage wächst die Rastlosigkeit und Kriege und Aktionen, um Frieden zu bewahren, werden zu Vorläufern für einen weiteren Weltkrieg. Mehr noch, die gegenwärtigen ökonomischen und sozialen Probleme werden die Quelle dafür sein, dass sich die Situation noch weiter verschlechtert.

Eine goldene Regel

Der Heilige Koran hat einige goldene Regeln festgelegt, um Frieden in der Welt durchzusetzen. Es ist eine anerkannte Tatsache, dass Gier der Grund dafür ist, dass Feindschaft wächst. Manchmal manifestiert sie sich in territorialen Expansionsgelüsten, oder darin, dass man die natürlichen Ressourcen ausbeutet oder in der Tat die Vorherrschaft einiger über andere beansprucht. Das führt zu Grausamkeit, ob sie seitens der Hände unbarmherziger Despoten ausgeübt wird, die die Rechte der Menschen schmälern und ihre Übermacht zeigen, indem sie ihre persönlichen Interessen einfach durchsetzen, oder es geschieht durch die Hände einer Eroberungsmacht. Manchmal fordern die Schreie und Ängste der grausam behandelten Menschen die übrige Welt heraus.
Aber wie immer das auch sein mag, uns ist das folgende goldene Prinzip durch den Heiligen Propheten des Islam[saw] gelehrt worden: Hilf sowohl den Unterdrückten als auch dem Unterdrücker.
Die Gefährten des Propheten[saw] erkundigten sich, wie sie denn einer grausamen Person helfen könnten, während sie sehr wohl verstanden, dass man den Leidenden helfe. Der Prophet[saw] erklärte dies, indem er sagte: *„Indem ihr seine Hand daran hindert, eine Grausamkeit zu begehen, denn sein Ausmaß an Grausamkeit wird ihn zum Opfer der Strafe Gottes werden lassen."* Somit bemüht euch aus Barmherzigkeit, ihn zu retten. Dieses Prinzip reicht vom kleinsten Bereich der Gesellschaft bis hin zur internationalen Ebene. In diesem Zusammenhang sagt der Heilige Koran:

> „Und wenn zwei Parteien von Gläubigen gegeneinander kämpfen, dann stiftet Frieden zwischen ihnen; wenn sich danach die eine gegen die andere vergeht, bekämpft jene Partei, die sich vergangen hat, bis sie zum Gebot Allahs zurückkehrt. Wenn sie dann zurückkehrt, stiftet Frieden unter ihnen in Gleichheit und handelt gerecht. Wahrlich, Allah liebt die Gerechten." *(Sure 40 Vers 10)*

Obwohl die Lehre für Muslime gilt, kann dadurch doch auch, indem man sich an diesem Prinzip ausrichtet, die Grundlage für einen Frieden weltweit gelegt werden.

Um den Frieden aufrechtzuerhalten, ist anfangs erklärt worden, dass die wichtigste Anforderung dafür die Gerechtigkeit ist. Und, wenn trotzdem, obwohl man den Prinzipien der Gerechtigkeit gehorcht, Anstrengungen, Frieden wiederherzustellen, erfolglos bleiben, sollte man sich vereinigen und gemeinsam gegen jene Partei kämpfen, die die Grenzen überschritten hat und damit solange fortfahren, bis die überschreitende Partei bereit ist, Frieden zu schließen. Ist diese, die Grenzen überschreitende Partei bereit, Frieden zu schließen, besagt die Anforderung der Gerechtigkeit: Sucht nicht, Rache auszuüben, auferlegt nicht Restriktionen oder Embargos. Behaltet unter allen Umständen ein Auge auf dem Missetäter, zur selben Zeit aber bemüht euch um ihn und versucht, seine Situation zu verbessern.

Um die Unruhe zu beenden, die in einigen Ländern der Welt heute herrscht – und unglücklicherweise gehören einige muslimische Länder zu den Führenden unter ihnen – sollte sie insbesondere durch jene Nationen analysiert werden, die die Macht dazu haben, ein Veto einzulegen, um festzulegen, ob oder ob nicht Gerechtigkeit in angemessener Weise befolgt worden ist. Wann immer Hilfe vonnöten ist, sind die machtvollen Nationen gefragt.

Wie ich zuvor ausführte, sind wir Zeuge der Tatsache, dass die Geschichte der Britischen Regierung zeigt, dass sie stets Gerechtigkeit hochgehalten hat, und das hat mich ermutigt, ihre Aufmerksamkeit auf einige dieser Angelegenheiten zu lenken.

Neid und Gier

Ein weiteres Prinzip, das uns gelehrt wurde, um Frieden in der Welt herzustellen, besteht darin, dass man nicht neidisch auf den Reichtum anderer schauen sollte. Der Heilige Koran sagt:

> „Und richte deinen Blick nicht auf das, was Wir einigen von ihnen gewährt haben für eine kurze Zeit – den Glanz des irdischen Lebens – damit Wir sie dadurch prüfen mögen.“ *(Sure 20 Vers 132)*

Gier nach und Neid wegen Reichtum anderer ist eine Ursache für die wachsende Ruhelosigkeit in der Welt. Auf privater Ebene nach den Nachbarn zu schielen, wie das Sprichwort besagt, zeitigte unendliche Gier und zerstörte den sozialen Frieden. Habgieriger Wettbewerb auf nationaler Basis folgte und führte zur Zerstörung des Weltfriedens. Dies ist durch die Geschichte bewiesen und jeder vernünftige Mensch kann absehen, dass der Wunsch nach dem Reichtum anderer Neid verursacht und die Gier wachsen lässt und somit die Quelle für Verlust ist.
Das ist der Grund, warum Gott der Allmächtige sagt, dass man seinen Blick auf seine eigenen Mittel beschränken soll und aus ihnen Nutzen ziehen möge. Die Anstrengung, territoriale Gewinne zu machen, geschieht um der Nutzen willen, die man aus den naturgegebenen Ressourcen jenes Territoriums ziehen will. Der Zusammenschluss von Nationen und die Bildung von Machtblöcken geschehen, um sich die natürlichen Ressourcen einiger Länder anzueignen. Diesbezüglich

hat eine Reihe von Autoren, die zuvor als Berater für Regierungen gearbeitet hatten, Bücher geschrieben, in denen eingehend berichtet wird, wie sich einige Länder bemühen, Kontrolle über die Ressourcen anderen Nationen zu erlangen. Inwieweit diese Schriftsteller wahrheitsgemäß sind, ist ihnen selbst am besten bekannt, und Gott weiß es am allerbesten, aber der Zustand, der entsteht, wenn man diese Bücher liest, verursacht tiefe Sorge und Ängste in den Herzen jener, die gegenüber ihren ärmeren Ländern loyal sind und ist ein hauptsächlicher Grund für das Wachstum des Terrorismus und des Rüstungswettlaufs nach Massenvernichtungswaffen.

Fortschritt und Krise

Heutzutage hält sich die Welt für ernsthafter, bewusster und gebildeter als in der Vergangenheit. Sogar in den armen Ländern gibt es solch intelligente Seelen, die sich auf ihrem jeweiligen Gebiet des Wissens großartig ausgezeichnet haben. Hochintellektuelle Köpfe arbeiten zusammen in den riesigen Forschungszentren der Welt. Unter solchen Bedingungen sollte man sich vorstellen können, dass die Menschen sich vereint haben und gemeinsam bemüht sind, die falschen Wege des Denkens und den Unsinn der Vergangenheit zu beenden, der zu Streitigkeiten und schreckenerregenden Kriegen geführt hat. Die gottgegebene Vernunft und der wissenschaftliche Fortschritt hätten benutzt werden sollen zur Verbesserung der Zustände der Menschheit und dafür, zulässige Methoden zu ersinnen, um Nutzen aus den jeweiligen Ressourcen des anderen zu ziehen.

Gott hat fürwahr ein jedes Land mit natürlichen Ressourcen ausgestattet, die auf vollkommene Art genutzt hätten werden sollen, um die Welt in einen Hafen des Friedens zu verwandeln. Gott hat viele Länder mit einem wunderbaren Klima beschenkt und den Voraussetzungen dafür, verschiedene Gewächse hervorzubringen. Wäre geeignete Planung angewandt worden, um die moderne Technologie für die Landwirtschaft zu nutzen, wäre die Wirtschaftslage gestärkt worden und Hunger hätte von der Erde ausgemerzt werden können.

Jenen Ländern, die bereichert worden sind mit Bodenschätzen, sollte es gestattet werden, sich zu entwickeln und zu fairen Preisen offen Handel zu treiben, und ein Land sollte Nutzen ziehen aus den Ressourcen des anderen Landes. Dies wäre somit der richtige Weg, der Weg, der von Gott dem Allmächtigen bevorzugt wird.

Gott der Allmächtige schickt Seine Gesandten zu den Völkern, so dass sie ihnen jene Wege zeigen können, die die Menschen näher zu Gott bringen. Zugleich sagt Gott, dass es in Glaubensangelegenheiten vollkommene Freiheit gibt. Entsprechend unseren Glaubensvorstellungen, wird es Belohnung und Bestrafung auch nach dem Tod geben. Aber unter dem System, das Gott errichtet hat, können, wenn Seiner Schöpfung irgendeine Grausamkeit zugefügt wird und Gerechtigkeit und Fair-Play missachtet werden, durch die Gesetze der Natur die entsprechenden Folgen auch bereits in dieser Welt erfahren werden. Harte Reaktionen auf solche Formen der Ungerechtigkeit werden beobachtet und es kann keine Garantie geben hinsichtlich der Wirkung, sei sie richtig oder falsch.

Der wahre Weg, die Welt zu erobern, besteht darin, dass alle Anstrengungen unternommen werden sollten, den ärmeren Nationen den ihnen angemessenen Status zu verleihen.

Ökonomische Krise und Zinssystem

Eine schwerwiegende Angelegenheit heutzutage ist die ökonomische Krise, die Kreditklemme benannt worden ist. Es mag merkwürdig klingen, aber der Augenschein deutet auf eine Tatsache hin. Der

Heilige Koran leitete uns, indem er sagte, dass wir die Zinswirtschaft vermeiden sollen, weil Zinsen solch einen Fluch darstellen, dass sie eine Gefahr für den häuslichen, nationalen und internationalen Frieden bedeuten. Wir sind gewarnt worden, dass derjenige, der Zinsen nimmt, eines Tages wie einer erscheinen wird, den Satan mit Wahnsinn geschlagen hat. Somit sind wir Muslime gewarnt worden, solch eine Situation zu vermeiden und keine Zinswirtschaft zu betreiben, weil das Geld, das man für die Zinsen bekommt, nicht den Reichtum stärkt, wenn es auch auf der Oberfläche so aussieht, als würde es zunehmen. Unvermeidlich kommt eine Zeit, wenn die tatsächliche Wirkungsweise offenkundig wird. Darüber hinaus sind wir zur Vorsicht ermahnt worden, nicht in ein Zinsgeschäft zu treten, mit dem warnenden Hinweis, dass, würden wir das tun, es gleich einem Krieg gegen Gott sein würde.

Das Ergebnis ist durch die gegenwärtige Kreditklemme offensichtlich. Zu Beginn waren es Einzelpersonen, die sich Geld borgten, um Eigentum zu erwerben; aber bevor sie sich wirklich als Eigentümer des Erworbenen sehen konnten, starben sie bisweilen schuldenbeladen. Aber inzwischen sind es sogar Regierungen, die mit Schulden belastet sind und davon geschlagen, als wären sie wahnsinnig. Große Konzerne sind Bankrott gegangen. Einige Banken und Finanzinstitutionen sind zusammengebrochen oder durch Bürgschaften aus der Misslage gerettet worden, und diese Situation besteht in jedem Land, gleich, ob arm oder reich. Sie wissen mehr über diese Krise als ich. Das Geld der Einleger ist vernichtet worden. Nun liegt es an den Regierungen, wie und bis zu welchem Ausmaß jene beschützt werden können. Aber für einige Zeit ist der Frieden in den Familien, unter Geschäftsleuten und den Regierenden in den meisten Ländern der Welt insgesamt zerstört worden.

Die Notwendigkeit, sich Gott zuzuwenden

Zwingt uns diese Situation nicht dazu, darüber nachzudenken, dass die Welt sich in Richtung jener logischen Schlussfolgerung bewegt, hinsichtlich derer uns Warnungen rechtzeitig zuvor gegeben worden waren? Gott weiß besser, was die weiteren Konsequenzen dieser Situation sein werden. Gott der Allmächtige hat gesagt: Kommt her zum Frieden, der nur dann garantiert werden kann, wenn es sauberen und gedeihlichen Handel gibt und wenn die Ressourcen auf geeignete und faire Weise genutzt werden.

Nun beende ich die Darlegung dieser wenigen Bereiche unserer Lehren mit dem Hinweis, dass der wahre Frieden der Welt ausschließlich darin liegt, sich wieder Gott zuzuwenden. Möge Gott die Welt in die Lage versetzen, diesen Punkt zu verstehen, denn nur dann werden die Menschen in der Lage sein, ihre Pflichten gegenüber den Rechten anderer auszuüben.

Abschließend danke ich Ihnen noch einmal, dass Sie hierhergekommen sind und mir zugehört haben. Vielen herzlichen Dank.

Liebe und Loyalität zum Heimatland

Zentrum für Innere Führung der Bundeswehr in Koblenz

Liebe und Loyalität zum Heimatland

Im Namen Allahs des Gnädigen und immer Barmherzigen

Sehr geehrte Gäste,
Assalam-o-Alaikum Wa Rahmatullahe Wa Barakatohu
Frieden und Segnungen Allahs seien mit Ihnen allen.

Zu Beginn möchte ich die Gelegenheit wahrnehmen, Ihnen allen dafür zu danken, mich eingeladen und mir die Möglichkeit gegeben zu haben, einige Worte an Sie zu richten. Als Oberhaupt der Ahmadiyya Muslim Jamaat (AMJ) möchte ich mit Ihnen über die Lehren des Islam sprechen. Indes handelt es sich dabei um ein derart umfangreiches Thema, dass es unmöglich ist, dies in einer Veranstaltung oder in kurzer Zeit zu behandeln. Deswegen ist es notwendig, dass ich mich in meiner Ansprache auf einen Aspekt des Islam konzentriere. Während ich darüber nachdachte, über welches Thema ich sprechen könnte, erhielt ich eine Bitte des nationalen Vorsitzenden der Gemeinde in Deutschland, Herrn Abdullah Wagishauser, in welcher er mich darum bat, über die Lehre des Islam hinsichtlich der Liebe und Loyalität zum Heimatland zu referieren. Dies erleichterte mir meine Entscheidung. Somit werde ich nun also kurz einige Aspekte der islamischen Lehre hinsichtlich dieses Themas ansprechen.
Es ist sehr einfach über die Wörter „Loyalität und Liebe zum eigenen Land" zu sprechen. In der Tat ist es so, dass diese wenigen Wörter Bedeutungen umfassen, die weitreichend, wunderschön und von unglaublicher Tiefe sind. Tatsache ist jedoch auch, dass es sehr schwierig

ist, diese Wörter vollständig zu erfassen, und zu verstehen, was sie bedeuten und was sie erfordern. Wie auch immer, ich werde versuchen, in der Kürze der Zeit das islamische Konzept zur Loyalität und Liebe zum eigenen Land zu erklären.

Gegen jede Form von Doppelmoral

Zunächst einmal ist es ein fundamentales Prinzip des Islam, dass Wort und Tat einer Person niemals irgendeine Form von Doppelmoral oder Heuchelei aufweisen dürfen. Wahre Loyalität erfordert eine Beziehung, die auf Ehrlichkeit und Integrität aufbaut. Sie erfordert, dass das, was eine Person nach außen sichtbar macht, dem gleich ist, was sie im Innern trägt.

Diese Prinzipien sind hinsichtlich Fragen der Nationalität von größter Bedeutung. Deswegen ist es für die Staatsangehörigen jedes Landes unentbehrlich, eine Beziehung von einzigartiger Loyalität und Treue zum eigenen Land aufzubauen.

Dabei spielt es weder eine Rolle, ob man von Geburt Staatsangehöriger ist oder ob die Staatsangehörigkeit später erlangt wurde, noch ist es wichtig, ob man sie durch Einwanderung erlangt hat oder durch andere Mittel und Wege.

Loyalität ist eine großartige Eigenschaft und jene, die diese Eigenschaft in ihrer höchsten Stufe und besten Form besaßen, waren die Propheten Gottes. Ihre Liebe und Verbundenheit zu Gott war so stark, dass sie in allen Gelegenheiten Seine Gebote beachteten und danach bestrebt waren, sie vollkommen umzusetzen, komme was wolle. Dies verdeutlicht ihre Ergebenheit Gott gegenüber und ihre vollkommene Form der Loyalität. Ihr hoher Standard von Loyalität sollte uns als Beispiel und Vorbild dienen.

Was bedeutet Loyalität

Bevor ich jedoch fortfahre, ist es notwendig zu behandeln, was mit „Loyalität" gemeint ist. Nach den Lehren des Islam ist die Definition und wahre Bedeutung von „Loyalität" die uneingeschränkte Erfüllung von Gelöbnissen und Verpflichtungen, die auf jeder Stufe und unter allen Umständen und unabhängig der erforderlichen Mühen zu erfolgen hat.

Das ist die wahre Form der Treue, die der Islam fordert. An den unterschiedlichsten Stellen im Heiligen Koran weist Gott die Muslime darauf hin, ihre Versprechen und Verpflichtungen zu erfüllen, weil sie Ihm Rechenschaft abzulegen haben hinsichtlich aller Taten, die sie begehen. Den Muslimen wurde gelehrt, all ihre Verpflichtungen zu erfüllen: Diejenigen Gott, dem Allmächtigen, gegenüber ebenso, wie alle anderen Verpflichtungen, die sie gemäß ihres jeweiligen Stellenwertes zu erfüllen haben.

Was hat Priorität: Gottesgesetz oder Landesgesetz?

In diesem Kontext kommt es häufig zu einer Frage. Wenn Muslime glauben, dass Gott und die Religion von höchster Wichtigkeit für sie ist, und die Einhaltung der Gebote Gottes die höchste Priorität für sie hat und über alles andere steht und sie immer danach bestrebt sind, diese einzuhalten, dann mag der Gedanke aufkeimen, dass die Loyalität eines Muslims seinem Land gegenüber und sein Gelöbnis, die Gesetze des Landes einzuhalten, nur von zweitrangiger Bedeutung für ihn sein könnte. Deswegen wird vermutet, dass ein Muslim unter gewissen Umständen gewillt sein könnte, sein Gelöbnis dem Land gegenüber zu brechen.

Um diese Frage zu beantworten, will ich Sie zuerst darüber informieren, dass der Heilige Prophet Muhammad[saw] selbst gelehrt hat, dass die „Liebe zum eigenen Land ein Teil des Glaubens ist." Insofern ist aufrichtiger Patriotismus eine Anordnung im Islam. Wahrhaft Gott und den Islam zu lieben erfordert, dass man sein Land liebt.

Daraus geht eindeutig hervor, dass es keinen Interessenkonflikt geben kann zwischen der Liebe zu Gott und der dem Land gegenüber. Da die Liebe zum eigenen Land zum Islam gehört, ist es recht eindeutig, dass ein Muslim darin bestrebt sein sollte, die höchsten Grade der Loyalität zu dem von ihm ausgewählten Land zu erlangen; dies, weil es ein Mittel ist, Gott zu erreichen und Ihm näher zu kommen. Insofern ist es unmöglich, dass die Liebe eines wahren Muslims Gott gegenüber jemals als Hindernis oder Barriere, die ihn davon abhält, wahre Liebe und Treue dem Land gegenüber zu entwickeln, herangezogen werden kann.

Loyalität zum Land trotz Unterdrückung?

Unglücklicherweise sehen wir, dass in bestimmten Ländern religiöse Rechte beschnitten oder gar komplett verweigert werden. Folglich kann weiter gefragt werden, ob jene Personen, die von ihrem Staat verfolgt werden, immer noch eine Beziehung der Liebe und Loyalität ihrem Land gegenüber aufrechterhalten können.

Mit großem Bedauern muss ich Sie informieren, dass solche Umstände in Pakistan vorherrschen, wo die Regierung derzeit gegen unsere Gemeinde Gesetze erlassen hat. Diese Anti-Ahmadiyya-Gesetze werden in der Praxis umgesetzt. Auf diese Weise wurden in Pakistan alle Ahmadi-Muslime offiziell per Gesetz zu „Nicht-Muslimen" deklariert. Ihnen ist demzufolge untersagt, sich selbst als „Muslime" zu bezeichnen. Ebenso ist es Ahmadi-Muslimen in Pakistan verboten, auf eine Art und Weise den Gottesdienst zu verrichten, wie Muslime es für gewöhnlich tun. Außerdem ist es ihnen untersagt, sich gemäß einer islamischen Praxis oder Tradition zu verhalten, die sie als Muslime erkenntlich machen würde. Somit hat also in Pakistan der Staat selbst die Mitglieder unserer Gemeinde ihres fundamentalen Menschenrechts der Ausübung ihrer Religion beraubt.

Mit dieser Sachlage im Hinterkopf ist es recht natürlich, sich zu fragen, wie Ahmadi-Muslime in solchen Umständen den Gesetzen des Staates Folge leisten können? Wie können sie darin fortfahren, Loyalität dem Land gegenüber zu zeigen?

Hier möchte ich klarstellen, dass dort, wo solche extremen Umstände vorherrschen, das Gesetz, auf der einen Seite, und die Loyalität dem Land gegenüber, auf der anderen Seite, zwei unterschiedliche Angelegenheiten werden. Wir Ahmadi-Muslime glauben, dass die Wahl der Religion eine persönliche Angelegenheit ist, die jedes Individuum für sich selbst entscheiden muss, und es keinen Zwang in Angelegenheiten des Glaubens geben darf. Doch wenn das Gesetz in dieses Recht eingreift, dann ist es unzweifelhaft ein Akt großer Grausamkeit und Verfolgung. In der Tat ist es so, dass eine derartige Verfolgung von Staats wegen, die in allen Zeiten in Erscheinung getreten ist, von der Mehrheit verurteilt wurde.

Wenn wir einen Blick auf die Geschichte Europas werfen, so werden wir feststellen, dass auch Menschen auf diesem Kontinent zu Opfern religiöser Verfolgung wurden, und als Konsequenz dessen viele tausende Menschen von einem Land ins andere emigrieren mussten. Historiker, Regierungen und Menschen, die aufrichtig waren, haben dies als Verfolgung und extreme Grausamkeit bezeichnet.In solchen Umständen, wenn die Verfolgung jede Schranke überschritten hat und unerträglich wird, empfiehlt der Islam von der Stadt oder dem Land auszuwandern, und sich da anzusiedeln, wo die Religion in Frieden ausgeübt werden kann.

Der Islam verbietet, dass Gesetz selbst in die Hand zu nehmen

Indes, parallel zu dieser Rechtleitung lehrt der Islam auch, dass unter keinen Umständen irgendeine Person das Gesetz in seine Hände nehmen darf, noch in irgendwelchen Plänen und Verschwörungen eingebunden werden darf, die gegen das Land gerichtet sind. Das ist eine absolut eindeutige und unmissverständliche Anweisung des Islam.
Trotz der ernsthaften Verfolgung, mit der Ahmadis konfrontiert werden, leben immer noch Millionen von ihnen in Pakistan. Und obwohl sie fortwährend mit so unnachgiebiger Verfolgung, Diskriminierung und Grausamkeit in allen Bereichen ihres Lebens konfrontiert werden, fahren sie darin fort, eine Beziehung der absoluten Loyalität und wahren Gefolgschaft zu ihrem Land zu pflegen. In welchem Bereich auch immer sie arbeiten oder wo immer sie auch stationiert sind, sind sie fortwährend darin beschäftigt, zu versuchen, dem Land zu Fortschritt und Erfolg zu verhelfen.
Seit Jahrzehnten versuchen die Gegner der Ahmadiyyat den Ahmadis zu unterstellen, sie seien nicht loyal zu Pakistan, jedoch waren sie nie in der Lage, dies zu beweisen oder irgendeinen Beleg anzubringen, der ihre Aussage bekräftigten würde. Stattdessen ist es eine Tatsache, dass Ahmadi-Muslime hervortraten und sich zur Verfügung stellten, wenn es darum ging, Opfer für das Land Pakistan zu erbringen. Obwohl sie selbst zu Opfern und zur Zielscheibe des Gesetzes wurden, sind es Ahmadi-Muslime, die dem Gesetz treu bleiben und es besser als alle anderen befolgen. Dies, weil sie wahre Muslime sind, die den wahren Islam befolgen.

Der Islam verbietet Rebellion

Ein anderes Gesetz des Heiligen Korans in Bezug auf Loyalität ist, dass man sich von allen Dingen fernhalten soll, die unanständig und unerwünscht sind und zur Rebellion führen. Ein wunderschönes und herausragendes Merkmal des Islam ist, dass er unsere Aufmerksamkeit nicht bloß auf den Höhepunkt äußerst gefährlicher Entwicklungen lenkt sondern uns ebenso vor all den kleineren Dingen warnt, die die Menschheit als Sprungbretter auf einen Pfad führen können, der gefährlich ist. Somit kann, wenn der Rechtleitung des Islam korrekt gefolgt wird, jedes Problem in seinen Anfängen gelöst werden bevor die Situation außer Kontrolle gerät. Eine Angelegenheit zum Beispiel, die ein Land ernsthaft gefährden kann, ist die finanzielle Gier seitens Individuen. Häufig kommt es vor, dass Menschen von materiellen Wünschen derart eingenommen werden, dass sie in ihrem Ausmaß völlig unkontrollierbar werden. Solche Gier führt dann schlussendlich zu einem treubrüchigen Verhalten. Somit können solche Dinge letztendlich zu einer Ursache des Verrats dem eigenen Land gegenüber werden. Lassen Sie mich dies ein wenig erklären. Im Arabischen wird das Wort „*baghiya*" zur Beschreibung jener Personen verwendet, die ihrem Land schaden. Es bezieht sich auf jene, die an falschen Praktiken teilhaben oder Anderen Schaden zufügen. Es umfasst auch jene Personen, die betrügen und versuchen, sich Güter auf eine illegale oder ungerechte Weise anzueignen. Es bezieht sich auf jene Personen, die alle Grenzen überschreiten und somit Leid und Zerstörung verursachen. Der Islam lehrt, dass von Personen, die auf solche Weise handeln, nicht erwartet werden kann, dass sie loyal sind, weil Loyalität eng verknüpft ist mit hohen moralischen Werten. Loyalität kann nicht ohne hohe moralische Werte bestehen, genauso wie hohe moralische Werte nicht ohne Loyalität Bestand haben können.

Es geht darum, Gottes Wohlgefallen zu erlangen

Wiewohl es wahr ist, dass unterschiedliche Personen unterschiedliche Sichtweisen über das haben, was hohe moralische Werte ausmachen, so geht es bei der Religion des Islam ausschließlich darum, Gottes Wohlgefallen zu erlangen. Daher werden Muslime immer wieder darauf hingewiesen, immer auf eine Weise zu handeln, die Gott gefällt. Kurzum, nach der islamischen Lehre hat Gott, der Allmächtige, alle Formen von Verrat und Rebellion verboten, unabhängig davon, ob sie gegen das eigene Land oder gegen die eigene Regierung gerichtet sind. Der Grund dafür liegt darin, dass Rebellion oder Aktionen gegen die Staatsgewalt eine Gefahr für den Frieden und für die Sicherheit des Landes darstellen. Tatsache ist, dass dort, wo innerhalb des Landes Rebellion und Gegnerschaft aufbrechen, die Gegnerschaft außerhalb des Landes befeuert wird und Außenstehende ermutigt werden, Vorteile aus der binnenländischen Unruhe zu ziehen. Insofern kann die Illoyalität dem eigenen Land gegenüber weitreichende Konsequenzen nach sich ziehen. Somit ist alles, was dem Land Schaden bringen kann, unter dem von mir beschriebenen Begriff *„baghiya"* subsumierbar.

Unter Berücksichtigung all dieser Punkte erfordert die Loyalität zu seinem Land, Geduld walten zu lassen, Moralität zu zeigen und die Gesetze des Landes zu befolgen.

Generell gesprochen kann man sagen, dass in der modernen Zeit die meisten Regierungen demokratisch gewählt werden. Insofern sollte eine Person oder eine Gruppe, die das Bedürfnis hat, die Regierung auszutauschen, dem nachgehen, indem die dafür geeigneten demokratischen Prozesse durchlaufen werden. Sie sollten sich durch ihren Gang zur Wahlurne Gehör verschaffen.

Das Interesse des gesamten Landes im Fokus haben

Eine Wahlstimme sollte nicht auf Grundlage persönlicher Vorlieben und Interessen vergeben werden, vielmehr lehrt der Islam, dass die Stimme einer Person unter Berücksichtigung der Liebe und Loyalität dem Land gegenüber abgegeben werden soll. Bei der Stimmabgabe sollte man die Verbesserung des Landes im Sinn haben. Insofern sollte eine Person nicht auf den eigenen Vorteil achten und nicht danach gehen, von welchem Kandidaten oder von welcher Partei sie persönlich Nutzen ziehen kann; vielmehr sollte eine ausgewogene Entscheidung gefällt werden, in der berücksichtigt wird, welcher Kandidat oder welche Partei der gesamten Nation zum Fortschritt verhelfen würde. Die Regierungshoheit übertragen zu bekommen, ist eine große Verantwortung, daher sollte sie nur derjenigen Partei übertragen werden, von welcher der Wähler glaubt, dass sie am besten dafür geeignet ist und sie am meisten verdient. Das ist der wahre Islam und das ist wahre Loyalität.

In der Tat befiehlt Allah in Kapitel 4, Vers 59 des Heiligen Korans, dass eine Person die Treuhandschaft nur denjenigen übergeben darf, die ihrer würdig sind, und dass, wenn sie zwischen Personen urteilt, sie das Urteil gerecht und ehrlich fällen soll. Somit erfordert die Loyalität dem eigenen Land gegenüber also, dass die Regierungsgewalt denjenigen übertragen wird, die ihrer wahrhaft würdig sind, so dass die Nation Fortschritte erzielen und eine Spitzenposition unter den Nationen der Welt erlangen kann.

Anweisungen zu Streiks und Demonstrationen

In vielen Regionen der Welt werden wir Zeuge von Protesten und Streiks, die gegen die Politik der Regierung gerichtet sind. Darüber hinaus wird in einigen Ländern der Dritten Welt randaliert und Eigentum und Güter, die dem Staat oder Privatbürgern gehören, beschädigt. Wiewohl sie beanspruchen, aus Liebe gehandelt zu haben, so ist die Wahrheit doch, dass diese Taten nichts mit Liebe oder Loyalität der Nation gegenüber zu tun haben.

Es sollte in Erinnerung gerufen werden, dass selbst Streiks und Demonstrationen, die friedlich und ohne Rückgriff auf kriminelle Zerstörung oder Gewalt abgehalten werden, einen negativen Effekt erzielen können. Dies, weil selbst friedliche Proteste für die Wirtschaft des Landes häufig Verluste in Millionenhöhe verursachen. Unter keinen Umständen kann so ein Verhalten als ein Beispiel der Loyalität der eigenen Nation gegenüber erachtet werden.

Eine goldene Regel, die der Begründer der Ahmadiyya Muslim Jamaat gelehrt hat, lautet, dass wir unter allen Umständen immer Allah, den Propheten sowie den Regierenden unserer eigenen Nation Gehorsam leisten sollen. Das ist die gleiche Lehre, die auch der Heilige Koran gibt. Demzufolge gilt, dass selbst dort, wo es erlaubt ist, zu streiken und zu demonstrieren, die Proteste nur auf eine Weise ausgeübt werden sollen, die der Nation oder Wirtschaft keinen Schaden zufügen.

Dürfen „westliche Muslime" gegen Muslime in den Krieg ziehen?

Eine weitere Frage, die oftmals aufkeimt, ist, ob Muslime sich in die Militärstreitkräfte der westlichen Nationen eingliedern dürfen, und ob sie, falls ihnen die Eingliederung erlaubt ist, an militärischen Angriffen gegen muslimische Länder teilnehmen dürfen.

Ein grundlegendes Prinzip im Islam lautet, dass es niemandem gestattet ist, an grausamen Handlungen teilzunehmen. Diese fundamentale Anweisung muss im Bewusstsein jedes Muslims an vorderster Stelle stehen.

In Umständen, wo ein muslimisches Land angegriffen wird, weil es selbst grausam und ungerecht handelte und als Aggressor agierte, hat der Koran die muslimischen Regierungen angewiesen, die Unterdrücker aufzuhalten. Das heißt, dass sie die Gräueltaten unterbinden und sich um Frieden bemühen sollten. Demzufolge ist es also gestattet, in solchen Umständen einzugreifen, um die Gräuel zu beenden.

Indes, wenn die Nation, die sich eines Vergehens schuldig gemacht hat, sich bessert und Frieden errichtet, dann darf das Land oder das Volk auf Grundlage von Vortäuschungen und falscher Versprechen weder Vorteile aus der Situation ziehen noch unterjocht werden. Stattdessen sollte ihm noch einmal konventionelle Staatsfreiheit und Unabhängigkeit gewährt werden.

Militärische Ambitionen sollten demzufolge dazu da sein, Frieden zu errichten, und nicht, um irgendwelche persönlichen Interessen zu erfüllen.

Gleichermaßen gewährt der Islam jedem Land, egal ob muslimisch oder nicht, das Recht, Grausamkeit und Unterdrückung zu stoppen. Insofern können nicht-muslimische Länder, sofern es notwendig ist, muslimische Länder angreifen, um diese hehren Ziele zu erreichen. Muslimen in diesen nicht-muslimischen Ländern ist es erlaubt, den Streitkräften jener nicht-muslimischen Länder beizutreten, um eben jenes andere Land vor Grausamkeit zu bewahren.

Wenn solche Umstände wirklich vorherrschen, dann müssen die muslimischen Soldaten, welcher westlichen Armee sie auch angehören mögen, den Anweisungen Folge leisten und in den Kampf ziehen, wenn es notwendig ist, Frieden zu errichten.

Wenn nun aber ein Militär die Entscheidung trifft, ungerechterweise ein anderes Land anzugreifen und somit zum Unterdrücker wird, dann hat ein Muslim die Möglichkeit, die Armee zu verlassen, weil er ansonsten einen Akt der Grausamkeit unterstützen würde.

Wenn er diese Entscheidung träfe, dann würde das nicht bedeuten, dass er illoyal seinem Land gegenüber wäre. Die Wahrheit ist, dass in solchen Umständen die Loyalität dem eigenen Land gegenüber erfordern würde, so einen Schritt zu gehen und der eigenen Regierung den Ratschlag zu erteilen, dass sie selbst es nicht zulassen dürfe, in solche Abgründe zu fallen wie jene ungerechten Regierungen und Nationen, die grausam handeln.

Wenn es nun aber verpflichtend ist, dem Militär beizutreten, es keine Möglichkeit der Befreiung gibt und das Gewissen belastet ist, dann sollte ein Muslim das Land verlassen und sich nicht gegen das Gesetz des Landes erheben. Er sollte das Land verlassen, weil es einem Muslim nicht gestattet ist, als Staatsbürger in einem Land zu leben, während er zur gleichen Zeit gegen die Nation agiert oder mit der Opposition kooperiert.

Indes waren dies nur einige Aspekte der islamischen Lehre, welche jeden wahren Muslim zu den wirklichen Erfordernissen der Loyalität und Liebe dem eigenen Land gegenüber führen.

Erfordernisse unseres globalen Dorfes

In der mir zur Verfügung stehenden Zeit war ich nur in der Lage, diese Thematik in Kürze zu streifen. Doch als Schlussfolgerung möchte ich erwähnen, dass wir in der heutigen Zeit beobachten können, dass die Welt zu einem globalen Dorf geworden ist. Die Menschheit ist nahe zusammengerückt. Menschen aller Nationalitäten, Religionen oder Kulturen können in jedem Land vorgefunden werden. Dies erfordert, dass die Führer jeder Nation innehalten und die Gefühle und Empfindungen jedes Menschen respektieren sollten.

Die Staatsführer und ihre Regierungen sollten darin bestrebt sein, Gesetze zu erlassen, die eine Atmosphäre der Wahrhaftigkeit und

Gerechtigkeit hervorrufen, und weniger Gesetze erlassen, die dafür verantwortlich sind, dass sich Elend und Frustration unter der Bevölkerung verbreiten.

Ungerechtigkeit und Grausamkeit sollten ausgemerzt werden und stattdessen sollten wir nach wahrer Gerechtigkeit streben. Dies kann am besten realisiert werden, wenn die Welt ihren Schöpfer erkennt. Jede Form der Loyalität ist verknüpft mit der Loyalität zu Gott. Wenn dies eintrifft, dann werden wir mit unseren eigenen Augen bezeugen, dass die allerhöchsten Grade der Loyalität von den Bevölkerungen aller Länder begründet werden und neue Wege, die zu Frieden und Sicherheit führen, in aller Welt geebnet werden.

Bevor ich zum Abschluss komme, möchte ich die Möglichkeit wahrnehmen, Ihnen allen noch einmal dafür meinen Dank auszusprechen, mich heute eingeladen und mir zugehört zu haben.

Möge Gott Sie alle segnen; und möge Gott Deutschland segnen.

Vielen Dank.

Auf der Schwelle zum Atomkrieg

Ein internationaler Aufruf zum Frieden

---

9. Peace-Symposium in London 2012

NATIONAL PEACE SYMPOSIUM
2012
لا إله إلا الله محمد رسول الله

Vorwort

Am 24 März 2012 wurde in der Bait-ul-Futuh Moschee zu London, der größten Moschee Westeuropas, das 9. Jährliche Peace-Symposium (Friedenskonferenz) von der Ahmadiyya Muslim Gemeinde des Vereinigten Königreichs organisiert. Die Veranstaltung zog ein Publikum von mehr als Tausend Besuchern an, darunter Regierungsminister, Staatsbotschafter, Mitglieder sowohl des Houses of Commons als auch des Houses of Lords, der Bürgermeister von London sowie weitere Würdenträger, Nachbarn und Gäste aus den unterschiedlichsten Bereichen der Gesellschaft.

Das Thema des diesjährigen Symposiums war der „Internationale Frieden". Der zum dritten Mal verliehene „Ahmadiyya Muslim Preis für die Förderung des Friedens" wurde in Anerkennung der fortfahrenden Anstrengungen zur Bekämpfung des Leidens von verwaisten und ausgestoßenen Kindern weltweit und der Erfüllung der Vision einer liebevollen Heimat für jedes Kind von Seiner Heiligkeit Mirza Masroor Ahmad[aba] an die Wohltätigkeitsorganisation „SOS Kinderdorf UK" verliehen.

Unter den Gästen befanden sich:

- Rt Hon Justine Greening - MP, Staatssekretär für Verkehr
- Jane Ellison - MP (Battersea)
- Seema Malhotra - MP (Feltham and Heston)
- Tom Brake - MP (Carlshalton and Wallington)
- Virendra Sharma - MP (Ealing and Southall)
- Lord Tariq Ahmad of Wimbledon
- HE Wesley Momo Johnson - Botschafter von Liberia
- HE Abdullah Al-Radhi - Botschafter von Jemen
- HE Miguel Solano-Lopez - Botschafter von Paraguay
- Commodore Martin Atherton - Regionaler Marine Kommandant
- Councillor Jane Cooper - Bürgermeister von Wandsworth
- Councillor Milton McKenzie MBE - Bürgermeister von Barking und Dagenham
- Councillor Amrit Mann - Bürgermeister von Hounslow
- Siobhan Benita - Unabhängige Bürgermeisterkandidatin in London
- Diplomatan diverser Länder; u.a. von Indien, Kanada, Indonesien und Guinea

Auf der Schwelle zum Atomkrieg
Ein internationaler Aufruf zum Frieden

Im Namen Allahs, des Gnädigen und immer Barmherzigen

Sehr geehrte Gäste,
Assalam-o-Alaikum Wa Rahmatullahe Wa Barakatohu
Frieden und Segnungen Allahs seien mit Ihnen.

Nach einem Jahr habe ich erneut die Gelegenheit, alle unsere ehrenwerten Gäste zu dieser Veranstaltung willkommen zu heißen. Ich bin Ihnen allen außerordentlich dankbar, dass Sie sich die Zeit genommen und heute hier erschienen sind.

In der Tat ist die Mehrheit von Ihnen mit dieser Veranstaltung bereits gut vertraut, welche als Friedenskonferenz bekannt geworden ist. Diese Veranstaltung wird jedes Jahr von der Ahmadiyya Muslim Jamaat organisiert und ist lediglich eine von unseren vielen Bemühungen in dem Bestreben, unseren Wunsch zu erfüllen, Frieden in der Welt zu etablieren.

Unter den Anwesenden sind heute einige neue Freunde, die dieser Veranstaltung erstmalig beiwohnen, während wiederum andere bereits alte Freunde sind, die unsere Anstrengungen seit vielen Jahren schon unterstützen. Ungeachtet dessen, sind Sie alle gebildet und teilen unseren Wunsch, Frieden in der Welt zu etablieren. Und eben dieser Wunsch ist es, der Sie alle zu dieser Veranstaltung kommen ließ. Sie alle sind heute mit dem Herzenswunsch hier, dass die Welt mit Liebe, Zuneigung und Freundschaft erfüllt werde. Es ist genau diese Grundhaltung und es sind diese Werte, nach denen sich die breite

Mehrheit der Welt sehnt und derer sie auch bedarf. In Anbetracht all dessen, sind dies die Gründe, weshalb Sie allesamt, die von verschiedener Herkunft, Nation und Religion sind, heute vor mir sitzen.
Wie ich bereits sagte, halten wir diese Konferenz jedes Jahr ab; und bei jeder einzelnen Veranstaltung wird die gleiche Empfindung und die gleiche Hoffnung von uns allen ausgedrückt, nämlich dass sich der Frieden auf der Welt vor unseren Augen entwickeln und etablieren möge. Genauso bitte ich Sie alle jedes Jahr darum, sich nach Kräften zu bemühen, den Frieden zu fördern und voranzubringen, wo immer Sie die Möglichkeit dazu haben, und mit wem auch immer Sie in Kontakt stehen. Fernerhin richte ich an all jene, die mit politischen Parteien oder Regierungen in Verbindung stehen, die Bitte, diese Botschaft des Friedens auch in ihren Einflussbereich hineinzutragen. Es ist maßgeblich, dass jeder dafür sensibilisiert wird, dass zur Erreichung des Weltfriedens der Bedarf nach hohen und fundamentalen moralischen Werten größer denn jemals zuvor ist.

Die Welt muss ihren Schöpfer erkennen

Was die Ahmadiyya Muslim Jamaat betrifft, so verleihen wir, wo und wann immer sich die Gelegenheit dazu ergibt, unserer Sichtweise offen Ausdruck, dass es nur einen Weg gibt, um die Welt vor der Zerstörung und Verwüstung zu bewahren, auf die sie zuläuft; und dieser besteht darin, dass wir uns alle nach Kräften bemühen müssen, Liebe, Zuneigung und einen Sinn für Gemeinschaft zu verbreiten. Am wichtigsten ist hierbei, dass die Welt ihren Schöpfer erkennen muss, Der der eine und einzige Gott ist. Der Grund dafür liegt darin, dass erst die Erkenntnis des Schöpfers uns zu Liebe und Barmherzigkeit für Seine Schöpfung führt. Und wenn dies zu einem Teil unseres Charakters wird, werden wir auch zu Empfängern von Gottes Liebe.

Wir erheben fortwährend unsere Stimme und rufen nach Frieden in der Welt; und es ist der Schmerz und das Leid, die wir in unseren Herzen verspüren, die uns anspornen, uns darin zu bemühen, das Leiden der Menschheit zu verringern und die Welt, in der wir leben, zu einem besseren Ort zu machen. Tatsächlich ist diese Veranstaltung nur eine von unseren vielen Unternehmungen, um dieses Ziel zu erreichen.

Allenthalben Krieg und Unfrieden

Sie allesamt hegen ebenfalls diese gleichen noblen Wünsche, wie ich bereits ausführte. Überdies habe ich wiederholt auch Politiker und Religionsführer aufgerufen, sich um den Frieden zu bemühen. Dennoch sehen wir trotz all dieser Anstrengungen, dass Angst und Unruhe auf der gesamten Welt sich zunehmend verbreiten und wachsen. Wir finden in der heutigen Welt sehr viele Kämpfe, Unruhen und Krisen vor. In manchen Ländern bekämpfen sich Bürger und führen Kriege gegeneinander. In einigen Nationen kämpfen Bürger gegen ihre Regierung oder umgekehrt greifen die Machthaber ihre eigene Bevölkerung an. Terroristengruppen schüren Anarchie und Gesetzeslosigkeit, um ihre eigennützigen Interessen zu erreichen; und so töten sie willkürlich Frauen, Kinder und Ältere. In einigen Ländern bekämpfen sich politische Parteien gegenseitig als Mittel zur Erlangung der jeweils eigenen Interessen, anstatt für die Verbesserung ihrer eigenen Nationen zusammenzuarbeiten und sich zu einigen. Des Weiteren finden wir auch einige Regierungen und Länder vor, die fortdauernd ihre Blicke mit Neid auf die Ressourcen anderer Nationen richten. Die großen Mächte der Welt sind eingenommen von ihren Anstrengungen, ihre Vorrangstellung aufrechtzuerhalten, und lassen nichts unversucht in ihren Versuchen, dieses Ziel zu erlangen.

Kritische Stimmen werden unterdrückt

Eingedenk all dieser Tatsachen müssen wir feststellen, dass weder die Ahmadiyya Muslim Jamaat noch die Mehrheit von Ihnen, als Bürger dieser Gesellschaft, die Macht oder Autorität besitzen, Strategien und Politiken zu entwickeln, um eine positive Veränderung herbeizuführen. Der Grund ist, dass wir keine Regierungsgewalt inne haben oder ein Regierungsamt bekleiden. Tatsächlich würde ich sogar soweit gehen zu sagen, dass selbst die Politiker, zu denen wir freundschaftliche Beziehungen aufgebaut haben und die stets mit uns übereinstimmen, wenn sie in unserer Gesellschaft sind, nicht in der Lage sind, frei sprechen zu können. Stattdessen sind auch ihre Stimmen unterdrückt und sie sind daran gehindert, ihre Ansichten zu übermitteln. Dies liegt daran, dass sie entweder angehalten sind, Parteipolitiken zu befolgen, oder dass möglicherweise externer Druck von anderen Weltmächten oder politischen Verbündeten auf ihnen lastet, der sie niederdrückt.
Dennoch halten wir, die jedes Jahr an diesem Friedenssymposium teilnehmen, zweifellos an unserem Wunsch fest, Frieden zu stiften, und wir verleihen mit Gewissheit unseren Ansichten und Gefühlen Ausdruck, dass Liebe, Zuneigung und Brüderlichkeit zwischen allen Religionen, Nationen, ethnischen Gruppen und gewiss zwischen allen Menschen erreicht werden sollte; auch wenn wir bedauerlicherweise machtlos sind, diese Vision tatsächlich umzusetzen. Wir besitzen nicht die Autorität oder die Mittel, um jene Ergebnisse zu erzielen, nach denen wir uns sehnen.

Gerechtigkeit und Fairness müssen etabliert werden

Ich erinnere mich, dass ich genau in dieser Halle einige Jahre zuvor anlässlich unseres Friedenssymposiums eine Ansprache hielt, in der ich ausführlich die Wege und Mittel zur Erlangung des Weltfriedens beschrieb und dabei auch darüber sprach, wie die Vereinten Nationen arbeiten sollten. Im Anschluss daran kommentierte unser sehr nahestehender und verehrter Freund Lord Eric Avebury, dass diese Ansprache direkt vor den Vereinten Nationen hätte gehalten werden müssen. Gleichwohl war dies ein Ausdruck seines noblen Charakters, dass er in seiner Bemerkung derart großzügig und freundlich war. Was ich jedoch sagen möchte, ist, dass das lediglich Halten oder Zuhören einer Ansprache oder einer Vorlesung nicht ausreicht und auch nicht zur Etablierung von Frieden führt. Fakt ist, dass das Haupterfordernis zur Erfüllung dieses obersten Ziels in der absoluten Gerechtigkeit und Fairness in sämtlichen Angelegenheiten liegt. Der Heilige Koran gibt uns in der Sure 4, im Vers 136 eine goldene Regel und Lehre vor und leitet uns in dieser Hinsicht. Dort heißt es, dass als Mittel zur Verwirklichung der Bedingungen von Gerechtigkeit, man sogar dann, wenn man gegen sich selbst, gegen die eigenen Eltern oder nahestehende Verwandte und Freunde Zeugnis ablegen und aussagen muss, dies tun sollte. Wahre Gerechtigkeit liegt dann vor, wenn persönliche Interessen für das Gemeinwohl beiseitegelegt werden.

Wenn wir über diese Regel auf der gemeinschaftlichen Ebene nachdenken, dann werden wir erkennen, dass unfaire, auf Reichtum und Einfluss basierende Lobbymethoden aufgegeben werden sollten. Stattdessen sollten die Vertreter und Botschafter jeder einzelnen Nation mit Aufrichtigkeit und dem Wunsch, die Prinzipien der Gerechtigkeit und Gleichheit zu unterstützen, hervortreten. Wir müssen alle Formen der Voreingenommenheit und Diskriminierung ausmerzen, da dies das einzige Mittel ist, Frieden zu erreichen. Wenn wir die Mitgliederversammlung der Vereinten Nationen oder den Sicherheitsrat betrachten, können wir erkennen, dass dort geäußerte Aussagen oder Reden oft großes Lob und große Zustimmung erhalten; aber derarti-

ger Beifall ist bedeutungslos, da die eigentlichen Entscheidungen bereits vorher festgelegt wurden.
Wenn folglich Entscheidungen auf der Grundlage von Druck oder Lobbyarbeit der großen Mächte entgegen gerechter und wirklich demokratischer Möglichkeiten gefällt werden, dann erweisen sich solche Reden als leer und bedeutungslos und dienen allein dem Schein und der Täuschung der Außenwelt. Jedoch bedeutet all dies nicht, dass wir entmutigt werden und aufgeben sowie alle unsere Bemühungen einstellen. Vielmehr sollte unser Ansatz darin bestehen, weiter damit fortzufahren, die Regierung an die Bedürfnisse der Zeit zu erinnern, indem wir uns im Rahmen der Gesetze des Landes bewegen. Wir müssen zudem solche Gruppen, die eigennützige Interessen verfolgen, in der passenden Art und Weise beraten, so dass auf der globalen Ebene sich Gerechtigkeit durchsetzen kann. Nur dann werden wir erleben können, wie sich die Welt in eine Stätte des Friedens und der Harmonie wandelt, etwas, das wir alle begehren und uns wünschen.

Sich trotzdem für den Frieden einsetzen

Deshalb können und dürfen wir unsere Anstrengungen nicht aufgeben. Wenn wir aufhören, unsere Stimmen gegen Grausamkeit und Ungerechtigkeit zu erheben, dann werden wir auch zu jenen gehören, die keine moralischen Werte oder Standards jeglicher Art haben. Es ist irrelevant, ob die Wahrscheinlichkeit besteht oder nicht besteht, dass unsere Stimmen gehört werden oder ob sie Einfluss ausüben können. Wir müssen damit fortfahren, anderen den Frieden nahezulegen. Ich bin stets hocherfreut, wenn ich sehe, dass so viele Menschen ungeachtet der Verschiedenheit ihrer Religion und Nationalität alleine um die Aufrechterhaltung menschlicher Werte willen zu dieser Veranstaltung kommen, um zuzuhören, zu lernen und darüber zu sprechen, wie Frieden und Barmherzigkeit in der Welt etabliert werden können. Daher möchte ich Sie alle bitten, Ihre besten Möglichkeiten ausschöpfend sich um Frieden zu bemühen, so dass wir den Hoffnungsschimmer erleuchtet halten können, dass eine Zeit kommen wird, in der wahrer Friede und Gerechtigkeit in allen Teilen der Welt verankert sein werden.

Gottes Zorn

Wir müssen in Erinnerung behalten, dass, wenn menschliche Versuche scheitern, letztlich der allmächtige Gott selbst das Schicksal der Menschheit beschließt und festlegt. Bevor jedoch Gottes Beschluss sich in Bewegung setzt und die Menschen dazu zwingt, sich Ihm zuzuwenden und die Rechte der Menschheit zu erfüllen, wäre es bei weitem besser, wenn die Menschen auf dieser Welt selbst lernen würden, diesen entscheidenden Angelegenheiten Aufmerksamkeit zu widmen. Wenn der allmächtige Gott nämlich veranlasst wird, zu handeln, dann wird Sein Zorn die Menschheit in einer wahrlich strengen und Furcht einflößenden Art und Weise ergreifen.

Auf der Schwelle zu einem atomaren Weltkrieg

In der heutigen Welt könnte eine erschreckende Manifestation von Gottes Beschluss in der Form eines weiteren Weltkrieges auftreten. Es bestehen keine Zweifel darüber, dass die Konsequenzen eines solchen Krieges und seiner Zerstörung nicht nur auf den Krieg selbst oder gar diese Generation beschränkt bleiben würden. Tatsache ist, dass seine schrecklichen Folgen sich innerhalb mehrerer Generationen offenbaren werden. Allein eine tragische Konsequenz eines derartigen Krieges würde die Wirkung auf neugeborene Kinder sein, sowohl auf

die, die jetzt geboren werden, als auch auf jene, die in der Zukunft das Licht der Welt erblicken. Die heute zur Verfügung stehenden Waffen sind dermaßen zerstörerisch, dass sie dazu führen könnten, dass über Generationen hinweg Kinder mit ernsthaften genetischen Defekten oder körperlichen Behinderungen auf die Welt kommen.
Japan ist jenes Land, das die schauderhaften Folgen des Atomkriegs erfahren hat, als es während des Zweiten Weltkrieges mit Nuklearbomben angegriffen wurde. Auch wenn man heute noch Japan besucht und die dortigen Bewohner trifft, kann man in ihren Augen sowie anhand dem, was sie sagen, ihre große Angst und ihren Hass auf den Krieg erkennen. Dabei waren die Nuklearbomben, die damals verwendet wurden und die eine großflächige Zerstörung verursacht haben, weitaus weniger gewaltig als jene Atomwaffen, die sich heute sogar im Besitz von kleinen Nationen befinden.

Nachhaltige Zerstörung durch nukleares Potential

Es wird gesagt, dass in Japan auch nach dem Verstreichen von sieben Dekaden die Wirkungen der Atombomben bei neugeborenen Kindern nach wie vor sichtbar sind. Wenn eine Person von einer Gewehrkugel getroffen wurde, dann ist es zuweilen möglich, dass sie mithilfe medizinischer Behandlung überlebt; aber wenn ein Nuklearkrieg ausbricht, dann haben diejenigen, die in der Schusslinie stehen, dieses Glück nicht. Stattdessen werden wir erleben, dass Menschen augenblicklich sterben und wie Statuen einfrieren, und ihre Häute geradezu wegschmelzen. Trinkwasser, Essen und Vegetation werden kontaminiert und durch Strahlung verseucht sein. Wir können uns lediglich vorstellen, zu welchen Arten von Erkrankungen eine solche Verseuchung führen wird. Auch an solchen Orten, die zwar nicht direkt angegriffen werden und in denen die Wirkungen der Strahlung etwas geringer ausfallen, nimmt das Risiko für Erkrankungen und Leiden merklich zu und auch dort tragen zukünftige Generationen größere Gefahren mit sich.

Folglich werden die zerstörerischen und verheerenden Konsequenzen eines solchen Krieges nicht alleine auf den Krieg selbst und sein Nachspiel beschränkt bleiben, sondern von Generation zu Generation weiter fortbestehen, wie ich schon bereits ausführte. Dies sind die eigentlichen Folgen eines derartigen Krieges und dennoch gibt es auch heute noch selbstsüchtige und törichte Menschen, die außerordentlich auf ihre Erfindungen stolz sind und das, was sie entwickelt haben, als ein Geschenk an die Welt bezeichnen.

Die Wahrheit ist, dass die angeblich nutzbringenden Aspekte der Nuklearenergie und -technologie außergewöhnlich gefährlich sein und zu breiter Vernichtung führen können, sei dies aufgrund fahrlässigen Verhaltens oder durch Unfälle. Wir haben bereits solche Katastrophen mitansehen können, wie beispielsweise den Nuklearunfall, der sich 1986 in Tschernobyl, heute Teil der Ukraine, ereignete, und gerade letztes Jahr erst in Japan nach dem Erdbeben und dem Tsunami, so dass dieses Land wiederum großer Gefahr entgegensehen musste und in Angst versetzt wurde. Wenn solche Ereignisse eintreten, dann ist es auch mit großen Schwierigkeiten verbunden, die betroffenen Gebiete wieder zu besiedeln. Infolge ihrer einzigartigen und tragischen Erfahrungen sind die Japaner besonders vorsichtig geworden, ja, gewiss ist ihr Gefühl für Angst und Terror vollkommen gerechtfertigt.

Es ist eine offenkundige Feststellung, dass Menschen in Kriegen sterben. Als deshalb Japan in den Zweiten Weltkrieg einstieg, waren sich dessen Regierung und Bevölkerung nur allzu gut bewusst, dass einige Menschen ihr Leben lassen würden. Es heißt, dass schätzungsweise drei Millionen Menschen in Japan gestorben sind, was ungefähr vier Prozent der Landesbevölkerung ausmachte. Auch wenn mehrere andere Länder weitaus größer ausfallende Zahlenverhältnisse von Toten im Hinblick auf ihre Gesamtbevölkerung zu beklagen haben, sind der Hass und die Abneigung gegen Krieg, die wir bei Japanern vorfinden können, im Vergleich zu anderen deutlich ausgeprägter. Dies hat sicherlich seinen Grund in den Nuklearbomben, die im Zweiten Weltkrieg über Japan abgeworfen wurden, und in den daraus resultierenden Folgen, welche sie nach wie vor miterleben und auch heute noch ertragen. Japan hat Größe und Widerstandsfähigkeit bewiesen, indem es relativ schnell seine Städte wieder besiedeln und rehabilitieren konnte.

Teile der Welt könnten von der Weltkarte weggefegt werden

Aber es muss deutlich gesagt werden, dass im Falle eines erneuten Einsatzes von nuklearen Waffen im hier und jetzt es durchaus möglich ist, dass Teile bestimmter Länder ganz und gar von der Weltkarte weggefegt werden. Sie könnten aufhören, zu existieren.
Vorsichtige Schätzungen legen die Anzahl der Toten des Zweiten Weltkrieges auf etwa 62 Millionen fest, wobei es aber auch heißt, dass ungefähr 40 Millionen von den Getöteten Zivilisten waren. Mit anderen Worten ausgedrückt, es haben mehr Zivilpersonen ihre Leben verloren als Soldaten. Eine derlei Vernichtung ist widerfahren trotz des Faktums, dass mit Ausnahme von Japan überall sonst in althergebrachter Weise Krieg geführt und mit konventionellen Waffen gekämpft wurde.
Das Vereinigte Königreich musste einen Verlust von cirka einer halben Millionen Menschen ertragen. Freilich war das Vereinigte Königreich damals noch eine Kolonialmacht gewesen, so dass auch dessen Kolonien in seinem Auftrag kämpften. Wenn wir ihre Verluste mit einbeziehen, dann steigt die Anzahl der Toten auf Millionen. Allein

in Indien haben um die 1,6 Millionen Menschen ihr Leben verloren. Jedoch ist die Situation heute anders und genau jene Länder, die einst Kolonien des Vereinigten Königreichs waren und für das Britische Weltreich gekämpft haben, könnten nun im Falle eines Kriegsausbruchs gegen Großbritannien in den Kampf ziehen. Obendrein haben inzwischen auch kleine Nationen, wie ich bereits erwähnt habe, nukleare Waffen in ihren Besitz gebracht.

Nuklearwaffen in den Händen der Falschen

Was eine besonders große Angst auslöst, ist das Wissen, dass derartige nukleare Waffen in den Händen solcher Menschen gelangen können, die entweder nicht die Fähigkeit dazu haben oder aber sich dagegen entscheiden, über die Konsequenzen ihrer Handlungen nachzudenken. Die Wahrheit ist, dass solchen Menschen die Konsequenzen noch nicht einmal kümmern; sie sind kriegslüstern.

Wenn daher die großen Mächte nicht mit Gerechtigkeit agieren, die Frustrationen der kleineren Nationen nicht beseitigen und keine bedeutenden und weisen Politiken und Strategien aufnehmen, dann wird die Lage außer Kontrolle geraten und die Zerstörung, die darauf folgen wird, wird außerhalb unseres Verstehens und unserer Vorstellung sein. Selbst der Großteil der Welt, der sich nach Frieden sehnt, wird ebenfalls in dieser Verwüstung versinken.

Deswegen ist es mein inständiger Wunsch und meine Hoffnung, dass die Führer aller großen Nationen zur Erkenntnis dieser schauderhaften Realität gelangen, und so anstatt der Übernahme aggressiver Politiken und der Ausübung von Machtgewalt, um ihre Ziele und Zwecke zu erreichen, sich vielmehr darin engagieren, solche Politiken zu verfolgen, die Gerechtigkeit fördern und sichern.

Ein Krieg an der Grenze Europas

Kürzlich sprach ein ranghoher russischer Offizier eine ernsthafte Warnung über die potentielle Gefahr eines Nuklearkriegs aus. In seiner Ansicht würde ein solcher Krieg nicht in Asien oder wo anders, sondern an den Grenzen Europas geführt werden, und die Bedrohung würde wohl von den osteuropäischen Ländern ausgehen und sich auch dort entzünden. Zwar würden einige Personen sagen, dass dies lediglich seine persönliche Meinung ist, aber ich halte seine Ansichten nicht für undenkbar. Allerdings glaube ich aber, dass im Falle eines Kriegsausbruchs es sehr wahrscheinlich ist, dass auch die asiatischen Länder involviert werden.

Eine andere Nachrichtenmeldung, die jüngst umfassende Aufmerksamkeit in den Berichterstattungen der Medien erhielt, betrifft die Ansichten eines vor Kurzem erst in den Ruhestand getretenen Chefs des israelischen Geheimdienstes Mossad. Während eines Interviews mit dem wohlbekannten amerikanischen Fernsehsender CBS sagte er, dass es sichtbar wurde, dass die israelische Regierung Krieg gegen den Iran führen möchte. Er äußerte, dass im Falle dessen, dass ein solcher Angriff realisiert werden würde, es dann unmöglich wäre zu wissen, wo und wie ein derartiger Krieg ein Ende finden wird. Dementsprechend riet er vehement von einem Angriff ab.

Diesbezüglich ist meine Auffassung, dass ein solcher Krieg mit einer nuklearen Zerstörung enden wird.

Parallelen zur Zeit vor dem Zweiten Weltkrieg

Neulich bin ich auf einen Artikel gestoßen, in dem der Verfasser angab, dass die gegenwärtige Lage der Welt Ähnlichkeiten zu der Situation 1932 aufweist, sowohl in wirtschaftlicher als auch politischer

Hinsicht. Er schrieb, dass in bestimmten Ländern die Menschen kein Vertrauen zu ihren Politikern oder sogenannten Demokratien hatten. Ebenso führte er auch aus, dass es eine Reihe weiterer Ähnlichkeiten und Parallelen gab, die zusammengenommen das gleiche Bild heute ergeben, welches kurz vor dem Ausbruch des Zweiten Weltkrieges beobachtet werden konnte.

Einige mögen seiner Analyse widersprechen, ich hingegen stimme mit ihr überein; und deshalb glaube ich, dass die Regierungen der Welt im höchsten Maße beunruhigt und über den derzeitigen Stand der Dinge besorgt sein sollten. In ähnlicher Weise sollten auch die ungerechten Machthaber einiger muslimischer Länder, deren einziges Ziel darin besteht, an ihrer Macht mit allen Mitteln und um jeden Preis festzuhalten, zu Sinnen kommen. Andernfalls werden ihre Handlungen und ihre Torheit die Mittel ihres Untergangs sein; und sie werden ihre jeweiligen Länder in eine außerordentlich erschreckende Zwangslage führen.

Wir, die Mitglieder der Ahmadiyya Muslim Jamaat, versuchen unser Äußerstes, um die Welt und die Menschheit vor einer Vernichtung zu bewahren. Dies liegt daran, dass wir in dieser Ära den Imam der Zeit anerkannt haben, der von Allah als der Verheißene Messias gesandt wurde und als ein Diener des Heiligen Propheten Muhammad[saw] erschienen ist, der selbst als eine Barmherzigkeit für das gesamte Menschengeschlecht entsandt worden war.

Weil wir eben den Lehren des Heiligen Propheten[saw] folgen, fühlen wir angesichts der Lage der Welt auch diesen außergewöhnlichen Schmerz und Kummer in unseren Herzen. Dieser Schmerz ist es, der uns in unseren Bemühungen antreibt, die Menschheit vor Vernichtung und Leiden zu bewahren zu versuchen. Darum sind sowohl alle anderen Ahmadi Muslime als auch ich bestrebt darin, unsere Verantwortungen zu erfüllen, um Frieden auf der Welt zu erreichen.

Briefe an den Papst, Netanjahu und Ahmadinejad

Ein Weg, durch den ich versucht habe, Frieden zu fördern, bestand darin, dass ich eine Reihe von Briefen an bestimmte Führungspersonen der Welt geschrieben habe. Einige Monate zuvor schrieb ich einen Brief an Papst Benedikt, der ihm durch einen Ahmadi Vertreter von mir persönlich überbracht wurde. In diesem Schreiben äußerte ich ihm gegenüber, dass er als Oberhaupt der größten Religionsgemeinschaft der Welt sich nach Kräften darum bemühen sollte, Frieden zu etablieren. Beobachtend, dass die Feindseligkeiten zwischen Iran und Israel zu einem sehr gefährlichen Grad überkochen, sandte ich jüngst in ähnlicher Form auch Briefe an Israels Premierminister Benjamin Netanjahu und Irans Präsident Mahmud Ahmadinejad, in denen ich sie dringlich gebeten habe, beim Fällen von Entscheidungen jegliche Arten von Hast und Leichtsinnigkeit um der Menschheit willen aufzugeben. Ebenso habe ich kürzlich auch an Präsident Barack Obama und Kanadas Premierminister, Stephen Harper, geschrieben, indem ich beide dazu aufgerufen habe, ihre Rollen und Verantwortungen für die Entwicklung von Frieden und Harmonie in der Welt wahrzunehmen.

Ich beabsichtige ferner, in der nahen Zukunft auch andere Staatsoberhäupter und Machthaber anzuschreiben und zu warnen.

Ich weiß nicht, ob meinen Briefen irgendein Wert oder Gewicht von den verschiedenen Oberhäuptern, die ich angeschrieben habe, beigemessen wird; aber wie auch immer ihre Reaktionen ausfallen mögen, so ist doch ein Versuch meinerseits unternommen worden, als Kalif und spirituelles Oberhaupt von Millionen von Ahmadi Muslimen weltweit ihr Empfinden und ihre Gefühle bezüglich der gefahrvollen Lage der Welt zu übermitteln.

Wohlgemerkt, ich habe diesen Empfindungen nicht aufgrund irgendwelcher persönlichen Ängste Ausdruck verliehen, vielmehr resultiert mein Ansporn aus aufrichtiger Liebe für die Menschheit.

Eine Barmherzigkeit für die Menschheit

Diese Liebe für die Menschheit hat sich bei allen wahrhaftigen Muslimen durch die Lehren des Heiligen Propheten Muhammad[saw] entwickelt und eingeträufelt, der, wie ich bereits erwähnte, als Träger von Barmherzigkeit und Mitgefühl für die gesamte Menschheit entsandt worden war.
Vermutlich werden Sie sehr überrascht oder gar geschockt sein zu hören, dass unsere Liebe für die Menschheit ein unmittelbares Ergebnis der Lehren des Heiligen Propheten[saw] ist. Vielleicht fragen Sie sich, warum es dann muslimische Terroristengruppen gibt, die unschuldige Menschen umbringen, oder warum es muslimische Regierungen gibt, die um ihre Machtsitze zu schützen, die Massentötungen von ihren eigenen Bürgern anordnen.

Der Messias reformierte den Islam

Lassen Sie mich klarstellen, dass in Wahrheit solche bösartigen Akte den tatsächlichen Lehren des Islam vollkommen gegensätzlich sind. Der Heilige Koran erlaubt unter keinen Umständen Extremismus oder Terrorismus.
Gemäß unserem Glauben hat der allmächtige Gott in diesem Zeitalter den Begründer der Ahmadiyya Muslim Jamaat, Seine Heiligkeit Mirza Ghulam Ahmad von Qadian[as] als den Verheißenen Messias und Imam Mahdi in vollkommener Unterordnung dem Heiligen Propheten Muhammad[saw] entsandt. Der Verheißene Messias[as] ist geschickt worden, um die wahren und wirklichen Lehren des Islam und des

Heiligen Koran zu verbreiten. Er ist gesandt worden, um eine Bindung zwischen dem Menschen und dem allmächtigen Gott zu fördern. Er ist geschickt worden, um die Rechte, die ein Mensch einem anderen schuldet, festzustellen und zu erkennen. Er ist entsandt worden, um jegliche religiösen Kriege zu beenden. Er ist geschickt worden, um Respekt, Würde und Ehre für jeden Religionsstifter und jeden Propheten aus jeder Religion zu etablieren. Er ist gesandt worden, um die Aufmerksamkeit auf die Erreichung hoher Standards von moralischen Werten zu lenken und um Frieden, Liebe, Zuneigung und Brüderlichkeit auf der gesamten Welt zu stiften.

Wenn Sie irgendeinen Teil der Erde aufsuchen, werden Sie diese Qualitäten in allen wahren Ahmadi Muslimen tief verwurzelt vorfinden. Für uns sind weder Terroristen noch Extremisten Vorbilder, sowie auch die grausamen muslimischen Diktatoren für uns keine Leitbilder darstellen und ebenso haben auch die westlichen Mächte keine Vorbildfunktion für uns. Das Beispiel, dem wir folgen, ist das Vorbild des Gründers des Islam, des Heiligen Propheten Muhammad[saw]; und unsere Richtschnur ist der Heilige Koran.

Die Botschaft des Islam ist die der Liebe, Zuneigung, Güte und des Friedens

Demgemäß sende ich von diesem Friedenssymposium aus eine Nachricht an die gesamte Welt, nämlich dass die Botschaft und die Lehren des Islam die der Liebe, Zuneigung, Güte und des Friedens sind.

Traurigerweise sehen wir eine kleine Minderheit von Muslimen, die ein vollkommen verzerrtes Bild des Islam präsentiert und entsprechend ihrer fehlgeleiteten Gesinnung handelt. Ich möchte Ihnen allen gegenüber bemerken, dass Sie dies nicht als den wahren Islam betrachten und demgemäß solche irregeleitete Akte nicht als einen

Freibrief benutzen sollten, die Gefühle der friedliebenden Mehrheit der Muslime zu verletzen oder sie zur Zielscheibe von Grausamkeit zu machen.
Der Heilige Koran ist das heiligste und ehrwürdigste Buch für alle Muslime; folglich wird die Verwendung beleidigender und abfälliger Sprache oder seine Verbrennung die Gefühle von Muslimen schmerzlich verletzen. Wir haben mit ansehen können, dass derartige Ereignisse oft zu völlig falschen und unpassenden Reaktionen von extremistischen Muslimen führen.

Gegenseitige Feindseligkeit unterbinden

Erst kürzlich haben wir von zwei Vorfällen in Afghanistan erfahren, bei denen amerikanische Soldaten den Heiligen Koran respektlos behandelt sowie unschuldige Frauen und Kinder in ihren Häusern umgebracht haben. Vergleichbar dazu hat eine erbarmungslose Person einige französische Soldaten im Süden Frankreichs ohne jeglichen Grund erschossen und einige Tage darauf schließlich eine Schule betreten und drei unschuldige jüdische Kinder sowie einen ihrer Lehrer getötet.
Wir können feststellen, dass dieses Verhalten ganz und gar falsch ist und niemals zu Frieden führen kann. Wir können ebenfalls sehen, dass derlei Grausamkeiten sich regelmäßig in Pakistan und anderenorts ereignen; und so bieten all diese Akte den Gegnern des Islam Stärkung für ihren Hass sowie einen Vorwand, auf dem basierend sie großflächig ihre Ziele verfolgen. Solche barbarischen Taten leiten sich, wenn sie kleinräumig verübt werden, nicht von persönlichen Feindseligkeiten oder Groll ab, sondern sind in der Tat vielmehr das Ergebnis von ungerechten Politiken, die von bestimmten Regierungen verfolgt werden, sowohl im inländischen als auch internationalen Bereich.

Der Islam verbietet Grausamkeit und Unterdrückung

Um Frieden in der Welt etablieren zu können, ist es daher erforderlich, dass angemessene Standards der Gerechtigkeit in jedem Bereich und in jedem Land der Erde entwickelt werden. Der Heilige Koran hat das grundlose Töten einer einzelnen unschuldigen Person mit dem Töten der gesamten Menschheit gleichgesetzt.

Als Muslim möchte ich daher nochmals unumstößlich deutlich machen, dass der Islam Grausamkeit oder Unterdrückung in keinster Weise, Form oder Art gestattet. Das ist ein Gebot, welches unabänderlich ist und keine Ausnahme kennt. Der Koran legt weiter fest, dass sogar die Feindseligkeit einer Nation bzw. Person einen nicht davor zurückhalten darf, vollkommen gerecht und fair mit ihnen umzugehen. Es darf nicht sein, dass irgendwelche Feindschaften oder Rivalitäten einen zur Rache oder ungebührlichem Handeln verleiten. Ein anderes entscheidendes Gebot, welches uns der Heilige Koran auferlegt, lautet, die Reichtümer und Ressourcen anderer nicht mit neidischen oder gierigen Blicken zu betrachten.

Ich habe lediglich einige wenige Punkte angesprochen, aber es handelte sich hierbei um besonders bedeutsame Themen, da sie die Grundlage für Frieden und Gerechtigkeit in der Gesellschaft sowie auch in der weiten Welt bilden. Ich bete, dass die Welt diesen Schlüsselfragen Aufmerksamkeit widmen möge, so dass wir vor der Vernichtung der Welt bewahrt werden, auf die wir durch ungerechte und unaufrichtige Personen zugetrieben werden. Ich möchte mich bei dieser Gelegenheit auch dafür entschuldigen, dass ich doch etwas Zeit in Anspruch genommen habe, aber Tatsache ist, dass das Thema der Friedensicherung wirklich äußerst wichtig ist. Die Zeit läuft davon und wir alle müssen den Erfordernissen der Gegenwart große Beachtung und Aufmerksamkeit widmen, bevor es zu spät wird.

Gratulation an Queen Elizabeth II.

Bevor ich meine Rede beende, möchte ich noch über etwas anderes Wichtiges sprechen. Wie uns allen bekannt ist, wird in diesen Tagen das diamantene Jubiläum Ihrer Majestät, Queen Elizabeth II, begangen. Drehen wir die Uhr 115 Jahre zurück zum Jahr 1897, als das diamantene Jubiläum von Queen Victoria gefeiert wurde. Damals sandte der Begründer der Ahmadiyya Muslim Jamaat eine Gratulationsbotschaft an Queen Victoria. In seiner Botschaft überbrachte er sowohl die Lehren des Islam als auch Gebete für die Britische Regierung und das lange Leben der Queen. Dabei schrieb der Verheißene Messias[as] in seiner Botschaft auch, dass die beste Eigenschaft ihrer Regierung sich dadurch auszeichnet, dass unter ihrem Regiment allen Menschen religiöse Freiheit gewährt worden ist.

Heute regiert die Britische Regierung nicht mehr über den Subkontinent, aber nach wie vor sind die Prinzipien der Religionsfreiheit in der britischen Gesellschaft sowie in ihrer Gesetzgebung tief verwurzelt, durch die jeder Person religiöse Freiheit gewährt ist.

In der Tat kann ein sehr schönes Beispiel für diese Freiheit heute Abend miterlebt werden, wo selbst Angehörige verschiedenster Glauben, Religionen und Meinungen an einem Ort mit dem gemeinsamen Bestreben zusammengekommen sind, nach Frieden in der Welt zu suchen.

Insofern möchte ich diesen Anlass nutzen, Queen Elizabeth II. innigste Beglückwünschungen auszusprechen, und zwar mit den gleichen Worten und Gebeten, die der Verheißene Messias (Friede sei auf ihm) verwendete. Er sagte:

> „Mögen unsere Gratulationen gefüllt mit Zufriedenheit und Dankbarkeit unserer mitfühlenden Queen gegenüber übermit-

> telt werden. Und möge die ehrenwerte Queen stets glücklich und zufrieden sein."

Der Verheißene Messias[as] brachte außerdem Gebete für Queen Victoria dar. Ich verwende wiederum seine Worte, um für Queen Elizabeth zu beten:

> „Oh mächtiger und erhabener Gott, halte unsere ehrenwerte Queen durch Deine Gnade und Segnungen stets glücklich, so wie auch wir unsere Leben unter ihrer Gunst und ihrem Wohlwollen glücklich verbringen; und sei ihr gütig und in Liebe zugeneigt, in der gleichen Art und Weise wie wir unter ihrer großzügigen und gerechten Regentschaft in Frieden und Wohlergehen leben."

Dies sind Gefühle der Dankbarkeit, die jeder Ahmadi Muslim empfindet, der ein britischer Staatsbürger ist.
Am Ende möchte ich erneut Ihnen allen aus den Tiefen meines Herzens meine Dankbarkeit zum Ausdruck bringen. Durch Ihr Kommen haben Sie Ihre Liebe, Zuneigung und Brüderlichkeit gezeigt.
Vielen Dank.

Wege zur Gerechtigkeit

Der islamische Ansatz zu einer friedlichen Welt

Capitol Hill, Washington D.C., USA 2012

AHMADIYYA
MUSLIM COMMUNITY
United States of America

AHMADIYYA
MUSLIM COMMUNITY
United States of America

AHMADIYYA
MUSLIM COMMUNITY
United States of America

Vorwort

Am 27. Juni 2012 fand in Capitol Hill, Washington D.C., eine historische Veranstaltung statt. Seine Heiligkeit Mirza Masroor Ahmad[aba], der fünfte Nachfolger, Kalif, des Verheißenen Messias[as] und Oberhaupt der Ahmadiyya Muslim Gemeinde, hielt eine Ansprache vor führenden Mitgliedern des Kongress, Senatoren, Botschaftern, Mitarbeitern des Weißen Hauses und des State Department, Führer von NGOs, religiöse Führer, Professoren, Politikberater, Mitglieder des Diplomatic Corps, Repräsentative von Think-Tanks und dem Pentagon sowie Journalisten. In dieser Veranstaltung, die erste ihrer Art, hatten einige der einflussreichsten Führungspersönlichkeiten der Vereinigten Staaten, unter anderem Nancy Pelosi, die Führerin der Demokraten im House of Representatives, die Möglichkeit, aus erster Hand die Lehre des Islam hinsichtlich des Weltfriedens zu vernehmen. Nach der Veranstaltung erhielt Seine Heiligkeit eine Führung in den Gebäuden von Capitol Hill, bevor er zu dem House of Representatives eskortiert wurde, in dem eine Resolution zu Ehren seines Besuchs vorgestellt wurde.

Der einleitende Absatz der Resolution erklärte:

Willkommen an Seine Heiligkeit Mirza Masroor Ahmad, das weltweite spirituelle und administrative Oberhaupt der Ahmadiyya Muslim Gemeinschaft, in Washington, DC, und Anerkennung seines Engagements für den Weltfrieden, Gerechtigkeit, Gewaltfreiheit, Menschenrechte, Religionsfreiheit und Demokratie (…)

Die vollständige Liste der Teilnehmer am Ereignis im Capitol Hill lautet wie folgt:

- U.S.-Senator Robert Casey, Sr. (Demokrat Pennsylvania)
- U.S.-Senator John Cornyn (Republikaner Texas)
- Fraktionsvorsitzende der Demokraten Nancy Pelosi (Demkratin Kalifornien)
- U.S.-Kongressmann Keith Ellison (Demokrat Minnesota)
- U.S.-Kongressmann Bradley Sherman (Demokrat Kalifornien)
- U.S.-Kongressmann Frank Wolf (Republikaner Virginia)
- U.S.-Kongressmann Michael Honda (Demokrat Kalifornien)
- U.S.-Kongressmann Timothy Murphy (Republikaner Pennsylvania)
- U.S.-Kongressfrau Jeannette Schmidt (Republikanerin Ohio)
- U.S.-Kongressfrau Janice Hahn (Demokratin Kalifornien)
- U.S.-Kongressfrau Janice Schakowsky (Demokratin Illinois)
- U.S.-Kongressfrau Zoe Lofgren (Demokratin Kalifornien)
- U.S.-Kongressfrau Sheila Jackson Lee (Demokratin Texas)
- U.S.-Kongressmann Gary Peters (Demokrat Michigan)
- U.S.-Kongressmann Thomas Petri (Republikaner Wisconsin)
- U.S.-Kongressmann Adam Schiff (Demokrat Kalifornien)
- U.S.-Kongressmann Michael Capuano (Demokrat Massachusetts)

- U.S.-Kongressmann Howard Berman (Demokrat Kalifornien)
- U.S.-Kongressfrau Judy Chu (Demokratin Kalifornien)
- U.S.-Kongressmann Andre Carson (Demokrat Indiana)
- U.S.-Kongressfrau Laura Richardson (Demokratin Kalifornien)
- U.S.-Kongressmann Lloyd Poe (Republikaner Texas)
- U.S.-Kongressmann Barney Frank (Demokrat Massachusetts)
- U.S.-Kongressmann Bruce Braley (Demokrat Iowa)
- U.S.-Kongressmann Dennis Kucinich (Demokrat Ohio)
- U.S.-Kongressmann Trent Franks (Republikaner Arizona)
- U.S.-Kongressmann Chris Murphy (Demokrat Connecticut)
- U.S.-Kongressmann Hank Johnson (Demokrat Georgia)
- U.S.-Kongressmann James Clyburn (Demokrat South Carolina)
- Seine Exzellenz Bockari Kortu Stevens, Botschafter von Sierra Leone in den Vereinigten Staaten
- Dr. Katrina Lantos Swett, Vorsitzende der United States Kommission für Internationale Religionsfreiheit
- Hon. Tim Kaine, Ehemaliger Gouverneur von Virginia
- Amb. Susan Burk, Spezielle Repräsentantin des Präsidenten Barack Obama für d. Atomwaffensperrvertrag
- Amb. Suzan Johnson Cook, U.S. Sonderbotschafterin für Internationale Religionsfreiheit
- Hon. Khaled Aljalahma, Stellv. Missionschef, Botschaft des Königreichs Bahrain in den Vereinigten Staaten
- Rev. Monsignor Jean-Francois Lantheaume, Erster Berater (Stellv. Missionschef), Die Apostolische Nuntiatur des Vatikans in den Vereinigten Staaten
- Frau Sara Al-Ojaili, Öffentlichkeitsarbeit/Verbindungsbeamtin, Botschaft des Sultanats Oman in den Vereinigten Staaten
- Herr Salim Al Kindie, Erster Sekretär, Botschaft des Sultanats Oman in den Vereinigten Staaten

- Frau Fozia Fayyaz, Botschaft von Pakistan in den Vereinigten Staaten
- Hon. Saida Zaid, Botschaftsrat, Botschaft von Marokko in den Vereinigten Staaten
- Hon. Nabeel Munir, Minister-IV (Sicherheitsrat), Pakistans Ständige Vertretung in den Vereinigten Staaten
- Hon. Josef Renggli, Ministerberater, Botschaft der Schweiz in den Vereinigten Staaten
- Hon. Alyssa Ayres, Stellv. Assistentin Sekretär für Süd-und Zentralasien, U.S.-Auswärtiges Amt
- Amb. Karl Inderfurth, Senior-Berater und Wadhwani Chair in U.S.-India Policy Studies, Center for Strategic and International Studies
- Hon. Donald A. Camp, Senior Associate, Center for Strategic and International Studies
- Amb. Jackie Wolcott, Executive Director, U.S.-Kommission für Internationale Religionsfreiheit
- Dr. Azizah al-Hibri, Beauftragter, U.S.-Kommission für Internationale Religionsfreiheit
- Herr Isaiah Leggett, Bezirksdirektor, Montgomery Count, Maryland
- Frau Victoria Alvarado, Direktorin, Büro für Internationale Religionsfreiheit, U.S.-Auswärtiges Amt
- Dr. Imad Dean Ahmad, Direktor, Minaret of Freedom Institute
- Dr. Zainab Alwani, Assistenz Professorin für Islamstudien, Howard University School of Divinity
- Frau Deborah L. Benedict, Stellv. Beraterin, U.S.-Einwanderungs- und Ausländerbehörde, Ministerium für innere Sicherheit
- Frau Lora Berg, Senior Beraterin d. Sonderbeauftragten für muslimische Gemeinschaften, U.S.-Auswärtiges Amt

- Dr. Charles Butterworth, Professor (Emeritus) für Staatslehre und Politik, University of Maryland, College Park
- Pater John Crossin, Stellv. Direktor des Sekretäriats für Ökumenische und Interreligiöse Angelegenheiten, U.S.- katholische Bischofskonferenz
- Major (Ret.) Franz Gayl, Senior Wissenschaftlicher Berater, U.S.-Marine Corps
- Dr. Sue Gurawadena-Vaughn, Direktorin der Programme für Internationale Religionsfreiheit und Südost-Asien, Freedom House
- Herr Frank Jannuzi, Leiter des Washington-Büros, Amnesty International USA
- Herr T. Kumar, International Advocacy Director, Amnesty International USA
- George Leventhal, Mitglied des Montgomery County Council
- Herr Amer Latif, Gaststipendiat, Wadhwani Chair in U.S.-India Policy Studies, Center for Strategic and International Studies
- Herr Tim Lenderking, Direktor des Pakistan Desk Office, U.S.-Auswärtiges Amt
- Herr Jalal Malik, International Affairs Officer, U.S. Army National Guard
- Herr Naveed Malik, Angestellter im diplomatischen Dienst, U.S.-Auswärtiges Amt
- Frau Dalia Mogahed, Senior Analyst und Executive Director, Gallup Center for Muslim Studies
- Herr Paul Monteiro, Associate Director, White House Office of Public Engagement
- Major General David Quantock, United States Army Provost General
- Frau Tina Ramirez, Director of International and Government Relations, The Becket Fund

- Rabbi David Saperstein, Direktor und Counsel, Religious Action Center for Reform Judaism
- Kaplan, Brigadier General Alphonse Stephenson, Director of the National Guard Bureau Office of the Chaplain
- Herr Knox Thames, Director of Policy and Research, U.S.-Kommission für Internationale Religionsfreiheit
- Herr Eric Treene, Sonderbeauftragter für religiöse Diskriminierung, Abteilung für Bürgerrechte, U.S.- Justizministerium
- Dr. Hassan Abbas, Professor, Abteilung für regionale und analytische Studien, National Defense University
- Herr Malik Siraj Akbar, Reagan-Fascell-Mitglied, National Endowment of Democracy
- Herr Matthew K. Asada, Congressional Fellow zu Rep. Gary Peters
- Frau Stacy Burdett, Direktorin für Regierungs- und Nationale Angelegenheiten, Anti-Defamation League
- Frau Elizabeth Cassidy, Stellv. Direktorin für Policy and Research, U.S.-Kommission für Internationale Religionsfreiheit
- Frau Aimee Chiu, Direktorin für Medien, Kommunikation und Public Relations, American Islamic Congress
- Herr Cornelius Cremin, U.S.-Auswärtiges Amt, Büro für Demokratie, Menschenrechte und Arbeit, Stellv. Geschäftsführender Direktor und Angestellter im diplomatischen Dienst für Pakistan
- Herr Sadanand Dhume, Gastwissenschaftler, American Enterprise Institute
- Dr. Richard Gathro, Dekan des Nyack College, Washington D.C.
- Herr Joe Grieboski, Vorsitzender, The Institute on Religion and Public Policy
- Frau Sarah Grieboski, The Institute on Religion and Public Policy
- Dr. Max Gross, Außerordentlicher Professor, Prince Alwaleed Bin

Talal Center for Muslim-Christian Understanding, Georgetown University

- Dr. Riaz Haider, Clinical Professor of Medicine, George Washington University
- Frau Huma Haque, Assistant Director, South Asia Center, Atlantic Council
- Herr Jay Kansara, Associate Director, Hindu American Foundation
- Herr Hamid Khan, Senior Program Officer, Rule of Law Center, U.S. Institute for Peace
- Frau Valerie Kirkpatrick, Associate for Refugees and U.S. Advocacy, Human Rights Watch
- Herr Alex Kronemer, Unity Productions
- Herr Paul Liben, Executive Writer, U.S.-Kommission für Internationale Religionsfreiheit
- Frau Amy Lillis, Angestellte im diplomatischen Dienst, U.S.-Auswärtiges Amt
- Herr Graham Mason, Legislative Assistant für Rep. Allyson Schwartz
- Frau Lauren Markoe, Religion News Service
- Herr Dan Merica, CNN.com
- Herr Joseph V. Montville, Senior Associate, Merrimack College Center for the Study of Jewish-Christian-Muslim Relations
- Herr Aaron Myers, Program Officer, Freedom House
- Frau Attia Nasar, Regional Coordinating Officer, U.S.-Auswärtiges Amt
- Frau Melanie Nezer, Senior Director, US Policy and Advocacy, HIAS
- Dr. Elliott Parris, Bowie State University
- Herr John Pinna, Director of Government and International Rela-

tions, American Islamic Congress

- Herr Arif Rafiq, Adjunct Scholar, Middle East Institute
- Frau Maya Rajaratnam, Amnesty International
- Frau Rachel Sauer, Angestellte im diplomatischen Dienst, U.S.-Auswärtiges Amt
- Dr. Jerome Schiele, Dekan des College of Professional Studies, Bowie State University
- Frau Samantha Schnitzer, Belegschaft, United States Kommission für Internationale Religionsfreiheit
- Dr. Mary Hope Schwoebel, Senior Program Officer, Academy for International Conflict Management and
- Peacebuilding, U.S. Institute for Peace
- Frau Sarah Schlesinger, International and Government Relations Associate, The Becket Fund
- Dr. Frank Sellin, Kyrgystan Desk Officer, U.S.-Auswärtiges Amt
- Frau Anna-Lee Stangl, Christian Solidarity Worldwide
- Frau Kalinda Stephenson, Professional Staff, Tom Lantos Human Rights Commission
- Herr Jordan Tama, Lead Democratic Staffer, Tom Lantos Human Rights Commission
- Herr Shaun Tandon, AFP
- Dr. Wilhelmus Valkenberg, Professor für Religion and Kultur, The Catholic University of America
- Herr Anthony Vance, Direktor für externe Angelegenheiten, Baha'is in den Vereinigten Staaten
- Herr Jihad Saleh Williams, Beauftragter für Regierungsangelegenheiten, Islamic Relief USA
- Frau Amelia Wang, Stabschefin der Kongressfrau Judy Chu
- Frau Moh Sharma, Legislative Fellow der Kongressfrau Judy Chu

U.S.-Kongress – Resolution des Hauses Nr. 709

112ter Kongress
Zweite Sitzung
H.Res. 709

Willkommen an Seine Heiligkeit Mirza Masroor Ahmad, das weltweite spirituelle und administrative Oberhaupt der Ahmadiyya Muslim Gemeinschaft, in Washington, DC, und Anerkennung seines Engagements für den Weltfrieden, Gerechtigkeit, Gewaltfreiheit, Menschenrechte, Religionsfreiheit und Demokratie.

Im Repräsentantenhaus

27. Juni 2012

Frau Zoe Lofgren aus Kalifornien (für sich selbst, Herrn Sherman, Herrn Connolly aus Virginia, Herrn Hinchey, Frau Eshoo, Frau Speier, Frau Richardson, Herrn, Schiff, Frau Schakowsky, Herrn Honda, Herrn Wolf, Herrn Peters, Herrn Dent, Frau Chu, Herrn Berman, Herrn Franks aus Arizona, Frau Jackson Lee aus Texas, Frau Schwartz, Herrn Braley aus Iowa und Herrn McGovern) reichte folgende Resolution ein, welche an das Comitee für Auswärtige Angelegenheiten weitergeleitet wurde.

Resolution

Willkommen an Seine Heiligkeit Mirza Masroor Ahmad, das weltweite spirituelle und administrative Oberhaupt der Ahmadiyya Muslim Gemeinschaft, in Washington, DC, und Anerkennung seines Engagements für den Weltfrieden, Gerechtigkeit, Gewaltfreiheit, Menschenrechte, Religionsfreiheit und Demokratie.

Vom 16. Juni bis zum 2. Juli 2012 stattet Seine Heiligkeit Mirza Masroor Ahmad, das weltweite spirituelle und administrative Oberhaupt der Ahmadiyya Muslim Gemeinschaft, einer internationalen Religionsgemeinschaft mit Millionen von Mitgliedern rund um die Welt, den Vereinigten Staaten einen historischen Besuch ab.
Seine Heiligkeit wurde am 22. April 2003 zum Fünften Kalifen von Mirza Ghulam Ahmad gewählt, einem Amt auf Lebenszeit.
Seine Heiligkeit ist eine führende muslimische Persönlichkeit, die den Frieden fördert, und die sich in seinen Ansprachen, Vorträgen, Büchern und persönlichen Begegnungen fortwährend eingesetzt hat für die Ahmadiyya-Werte: Dienst an der Menschheit, universelle Menschenrechte und eine friedvolle und gerechte Gesellschaft.
Die Ahmadiyya Muslim Gemeinschaft hat wiederholt Nöte ertragen müssen, eingeschlossen Diskriminierung, Verfolgung und Gewalt.
Am 28. Mai 2010 wurden 86 Ahmadi Muslime in Lahore, Pakistan, getötet, als zwei Moscheen der Ahmadiyya Muslim Gemeinschaft von Anti-Ahmadiyya-Terroristen angegriffen wurden. Trotz der anhaltenden konfessionsgebundenen Verfolgung, der Ahmadi Muslime ausgesetzt sind, hält Seine Heiligkeit dran fest, Gewalt zu verbieten.

Seine Heiligkeit ist weltweit gereist, um den Dienst an der Menschheit zu fördern und unterstützen, in Begegnungen mit Präsidenten, Premierministern, Parlamentariern und Botschaftern.
Während seines Besuches in den Vereinigten Staaten wird Seine Heiligkeit Tausende amerikanische Muslime treffen, des Weiteren bedeutende U.S.-Regierungsvertreter, um Beziehungen zu stärken und Mittel und Methoden zu finden, um Frieden und Gerechtigkeit für alle Menschen zu etablieren.
Am Vormittag des 27. Juni 2012 wird Seine Heiligkeit eine Grundsatzansprache halten bei einem speziellen, parteiübergreifenden Empfang im Rayburn House Office in Capitol Hill, mit dem Titel: *„Der Weg zum Frieden – Gerechte Beziehungen zwischen den Nationen“:* Daher soll nun jetzt
Beschlossen werden, dass das Repräsentantenhaus –

1. Seine Heiligkeit, Mirza Masroor Ahmad, in Washington, DC willkommen heißt;
2. Seine Heiligkeit für die Förderung des individuellen und Weltfriedens sowie individuelle und globale Gerechtigkeit lobt; und
3. Seine Heiligkeit lobt für seine Ausdauer und Beharrlichkeit, den Ahmadi Muslimen zur Vermeidung jeglicher Form von Gewalt zu raten, selbst angesichts schwerer Verfolgung.

Wege zur Gerechtigkeit

Der islamische Ansatz zu einer friedlichen Welt

Im Namen Allahs, des Gnädigen und immer Barmherzigen

Sehr geehrte Gäste,
Assalam-o-Alaikum Wa Rahmatullahe Wa Barakatohu
Frieden und Segnungen Allahs seien mit Ihnen.

Bevor wir beginnen, möchte ich zunächst die Gelegenheit nutzen, Ihnen allen dafür zu danken, dass Sie sich die Zeit genommen haben, zu kommen und sich anzuhören, was ich Ihnen zu sagen habe.
Ich bin gebeten worden über ein Thema zu sprechen, das außerordentlich groß und breitgefächert ist. Es hat viele verschiedene Aspekte, weswegen es mir nicht möglich ist, sie alle in der mir zur Verfügung stehenden kurzen Zeit zu behandeln.

Die wichtigste Aufgabe der Menschheit

Bei dem Thema, über das zu sprechen ich gebeten wurde, handelt es sich um die Etablierung von Weltfrieden. Sicherlich ist dies die wesentlichste und dringlichste Aufgabe, mit der die Welt konfrontiert wird. Da jedoch die Zeit begrenzt ist, werde ich nur kurz den islamischen Standpunkt zum Schaffen und Bewahren von Frieden durch gerechte und gleichberechtigte Beziehungen zwischen den Nationen vorstellen.

Die Wahrheit ist, dass Frieden und Gerechtigkeit untrennbar miteinander verknüpft sind - man kann das eine nicht ohne das andere haben. Ein Prinzip, das sicherlich alle vernünftigen und intelligenten Menschen verstehen können. Lassen wir jene beiseite, die entschlossen sind, Chaos in der Welt zu schaffen, so kann niemand jemals behaupten, dass in irgendeiner Gesellschaft, irgendeinem Land oder sogar in der ganzen Welt, Chaos oder Mangel an Frieden dort sein können, wo Gerechtigkeit und faire Handlungsweise existieren. Gleichwohl können wir feststellen, dass in vielen Teilen der Welt Unordnung und Mangel an Frieden vorherrschend sind. Solche Unordnung ist sowohl innerhalb der Länder selbst als auch in den Beziehungen zwischen verschiedenen Nationen zu sehen. Derartige Unordnung und Unfrieden existieren, obwohl alle Regierungen behaupten, eine Politik zu betreiben, die auf Gerechtigkeit basiert. Dabei erheben alle den Anspruch, dass die Etablierung von Frieden ihr vorrangiges Ziel sei.
Nun, im Allgemeinen gibt es wenig Zweifel daran, dass Ruhelosigkeit und Ängste in der Welt zunehmen und Unordnung sich dadurch ausbreitet. Dies beweist ganz klar, dass irgendwo auf der Welt die Voraussetzungen für Gerechtigkeit nicht erfüllt werden. Daher gibt es die dringende Notwendigkeit, sich darum zu bemühen, die Ungleichheit zu beenden, wo immer und wann immer sie existiert.

Wege zur Gerechtigkeit

In diesem Sinne möchte ich, als Oberhaupt der weltweiten Ahmadiyya Muslim Gemeinde, einige Beobachtungen über die Notwendigkeit für Frieden und die Wege, denselben auf der Grundlage von Gerechtigkeit zu erlangen, vorstellen.
Die Ahmadiyya Muslim Gemeinde ist eine rein religiöse Gemeinschaft. Es ist unser fester Glaube, dass der Messias und Reformer,

der ausersehen war, in diesem Zeitalter zu erscheinen und die Welt durch die wahrhaften Lehren des Islam zu erleuchten, in der Tat angekommen ist. Wir glauben, dass der Gründer unserer Gemeinde, Seine Heiligkeit Mirza Ghulam Ahmad aus Qadian[as], ebenjener Verheißene Messias und Reformer war und folglich haben wir ihn anerkannt.
Er erlegte seinen Anhänger auf, gemäß der wahren und reinen Lehren des Islam, die sich auf den Heiligen Koran gründen, zu handeln und sie zu verbreiten. Demzufolge wird alles, was ich in Bezug auf die Etablierung von Frieden und das Führen gerechter internationaler Beziehungen sagen werde, auf den koranischen Lehren beruhen.
In Bezug auf das Erreichen von Weltfrieden äußern Sie alle regelmäßig ihre Ansichten und unternehmen in der Tat große Anstrengungen. Ihr kreativer und intelligenter Verstand erlaubt es Ihnen, großartige Ideen, Pläne und in der Tat eine Vision von Frieden zu präsentieren. Daher erfordert es dieses Thema nicht, dass ich darüber aus weltlicher oder politischer Sicht spreche, stattdessen wird mein Fokus vollständig darauf gerichtet sein, wie Frieden auf der Grundlage von Religion etabliert werden kann. Zu diesem Zweck werde ich, wie ich bereits sagte, einige sehr wichtige Richtlinien auf Grundlage der Lehren des Heiligen Koran vorstellen.

Das Gesetz Gottes ist gerecht

Es ist wichtig, sich immer daran zu erinnern, dass menschliches Wissen und menschlicher Intellekt nicht vollkommen, sondern in Wirklichkeit begrenzt sind. So, dass, wenn Entscheidungen getroffen oder Ideen ausgestaltet werden, oft bestimmte Faktoren den menschlichen Verstand beeinflussen, die das Urteilsvermögen trüben und eine Person dazu verleiten können zu versuchen, ihre eigenen Interessen zu erfüllen. Letztendlich kann dies zu einem ungerechten Ergebnis und

zum Treffen ungerechter Entscheidungen führen.
Demgegenüber ist das Gesetz Gottes vollkommen, es gibt keinen Eigennutz oder unfaire Bestimmungen. Dies deshalb, weil Gott nur das Wohl und die Verbesserung für Seine Schöpfung wünscht, weswegen Sein Gesetz gänzlich auf Gerechtigkeit basiert. Der Tag, an dem die Menschen der Welt diesen entscheidenden Punkt erkennen und verstehen, wird der Tag sein, an dem die Grundlage für wahren und dauerhaften Frieden gelegt werden wird.
Andererseits fahren wir fort festzustellen, dass, obwohl endlos Anstrengungen unternommen werden, um den Weltfrieden zu etablieren, die Menschen bis jetzt außerstande sind, irgendwelche lohnenswerten Ergebnisse zu erzielen.

Die Mängel des Völkerbunds und der UN

Nach dem Ende des Ersten Weltkrieges wünschten die Oberhäupter bestimmter Länder für die Zukunft gute und friedliche Beziehungen zwischen allen Nationen, so dass im Bestreben, den Weltfrieden zu erreichen, der Völkerbund gegründet wurde. Sein grundlegender Zweck war es, den Weltfrieden zu erhalten und den Ausbruch zukünftiger Kriege zu verhindern.
Unglücklicherweise hatten die Regeln des Völkerbundes und die erlassenen Beschlüsse gewisse Mängel und Schwachstellen, wodurch sie die Rechte aller Völker und aller Nationen nicht gleichmäßig beschützten. Das war der Grund dafür, das ein Land nach dem anderen damit begann, aus dem Völkerbund auszuscheiden. So konnte sich als Folge der existierenden Ungleichheit kein lang andauernder Friede etablieren.
Die Anstrengungen des Völkerbundes schlugen fehl, was direkt in den Zweiten Weltkrieg mündete. Wir alle sind uns der beispiellosen

Zerstörung und Verwüstung bewusst, die daraus folgten, wobei 75 Millionen Menschen weltweit ihr Leben verloren, viele von ihnen unschuldige Zivilisten.
Dieser Krieg hätte mehr als genug sein sollen, um der Welt die Augen zu öffnen. Es hätte ein Weg sein sollen, eine vernünftige Politik zu entwickeln, die allen Beteiligten auf Grundlage von Gerechtigkeit ihre gebührenden Rechte garantiert, wodurch sie sich als ein Mittel erwiesen hätte, um Frieden in der Welt zu schaffen.
Die Regierungen der Welt zu der Zeit bemühten sich in gewissem Ausmaß und versuchten, Frieden zu etablieren, weswegen die Vereinten Nationen gegründet wurden. Es wurde jedoch alsbald ziemlich deutlich, dass der hehre und allumfassende Zweck, der die Vereinten Nationen stützte, nicht erfüllt werden konnte. In der Tat geben heute bestimmte Regierungen ziemlich offen Erklärungen ab, die den Fehlschlag der UN beweisen.

Koran: Alle Menschen sind gleich

Was sagt der Islam in Bezug auf internationale Beziehungen, die auf Gerechtigkeit gegründet sind und somit ein Mittel sind, um den Frieden zu etablieren?
Im Heiligen Koran hat Gott, der Allmächtige, deutlich gemacht, dass, während unsere Nationalitäten oder ethnischen Hintergründe ein Mittel zur Identitätsbildung sind, sie keinen Anspruch auf irgendeine Form von Überlegenheit begründen oder bestätigen. Der Koran macht auf diese Weise deutlich, dass alle Menschen gleichwertig geboren werden.
Darüber hinaus hat der Heilige Prophet Muhammad[saw] in seiner allerletzten Ansprache alle Muslime angewiesen, sich immer daran zu erinnern, dass ein Araber nicht besser ist als ein Nicht-Araber, noch

ein Nicht-Araber besser ist als ein Araber. Er lehrte, dass ein weißer Mensch nicht besser ist als ein schwarzer Mensch, noch ein schwarzer Mensch besser ist als ein weißer Mensch. Es ist also eine eindeutige Lehre des Islam, dass die Menschen aller Nationalitäten und aller Rassen gleichwertig sind.

Koran: Gleiche Rechte für jeden

Es wird ebenso deutlich gemacht, dass allen Menschen ohne jeden Unterschied oder Vorurteile gleiche Rechte garantiert werden sollen. Dies ist der Schlüssel und das goldene Prinzip, welches das Fundament für Harmonie zwischen verschiedenen Gruppen und Nationen und für die Etablierung von Frieden legt.
Heute stellen wir jedoch fest, dass es zwischen den mächtigen und den schwächeren Nationen Spaltung und Trennung gibt. Zum Beispiel beobachten wir, dass in den Vereinten Nationen Unterschiede zwischen bestimmten Ländern gemacht werden. So gibt es im Sicherheitsrat einige ständige Mitglieder und einige nicht-ständige Mitglieder. Diese Trennung hat sich als eine interne Quelle von Ängsten und Frustration erwiesen, weswegen wir regelmäßig Berichte bestimmter Länder vernehmen, die gegen diese Ungleichheit protestieren.

Koran: Gerechtigkeit selbst für den Ungerechten

Der Islam lehrt absolute Gerechtigkeit und Gleichheit in allen Belangen und so finden wir eine weitere äußerst wichtige Richtlinie in Sure 5 Vers 3 des Heiligen Koran. In diesem Vers ist festgelegt, dass es notwendig ist, sogar jene Leute, die in ihrem Hass und ihrer Feindschaft alle Grenzen überschreiten, mit Fairness und Gerechtigkeit zu behandeln, um die Anforderungen der Gerechtigkeit vollständig zu erfüllen. Und der Koran lehrt auch, dass, gleichgültig wann und von wem einem zu Tugend und Rechtschaffenheit geraten wird, man diesen Rat annehmen soll. Und egal, wo und von wem auch immer einem zu sündhaftem oder ungerechtem Verhalten geraten wird, man diesen Rat zurückweisen soll. Es stellt sich natürlich die Frage, was das vom Islam geforderte Niveau der Gerechtigkeit ist?

Koran: Gerechtigkeit sogar dann, wenn es gegen sich selbst gerichtet ist

In Sure 4 Vers 136 erklärt der Heilige Koran, dass man, sogar wenn man gegen sich selbst oder seine Eltern oder seine Verwandten Zeugnis ablegen muss, dies tun muss, um die Gerechtigkeit und Wahrhaftigkeit aufrecht zu erhalten.
Mächtige und reiche Länder sollten nicht die Rechte der armen und schwächeren Länder widerrechtlich an sich reißen, um die eigenen zu wahren, noch sollten sie die ärmeren Nationen in einer ungerechten Art und Weise behandeln. Andererseits sollten die armen und schwächeren Nationen nicht danach streben, den mächtigen oder wohlhabenden Nationen Schaden zuzufügen, wann immer sich die Gelegenheit dazu bietet. Stattdessen sollten sich beide Seiten darum bemühen, die Prinzipien der Gerechtigkeit vollkommen zu befolgen, was in der Tat eine Angelegenheit von entscheidender Bedeutung ist bei der Aufrechterhaltung friedlicher Beziehungen zwischen den Ländern.

Koran: Achtet die Ressourcen anderer Nationen

Eine weitere Voraussetzung für den Frieden zwischen den Nationen, der auf Gerechtigkeit basiert, wird in Sure 15 Vers 89 des Heiligen Koran genannt, in dem erklärt wird, dass kein Beteiligter jemals neidisch

auf die Ressourcen und den Reichtum anderer schauen soll.
Und gleichermaßen sollte kein Land danach streben, sich ungerechterweise die Ressourcen eines anderen Landes anzueignen, oder versuchen, sie unter dem falschen Vorwand des Versuchs, es zu helfen oder zu unterstützen, an sich zu reißen. Demzufolge sollten Regierungen andere Nationen nicht auf Basis der Versorgung mit technischer Kompetenz durch Abschluss ungerechter Geschäfte oder Verträge übervorteilen. Und gleichermaßen sollten Regierungen nicht versuchen, auf Basis der Bereitstellung von Fachkenntnis oder Unterstützung, die Kontrolle über die natürlichen Ressourcen oder das Eigentum der Entwicklungsländer an sich zu reißen.
Wenn es notwendig ist, weniger gebildete Menschen oder Regierungen zu lehren, wie sie ihre natürlichen Ressourcen richtig verwenden sollten, dann sollte dies getan werden. Nationen und Regierungen sollten immer danach streben, jenen zu dienen und zu helfen, die weniger privilegiert sind. Jedoch sollten solche Dienste nicht mit dem Ziel, nationale oder politische Vorteile zu erreichen oder persönliche Interessen zu befriedigen, geleistet werden.
Wir stellen fest, dass in den vergangenen sechs oder sieben Dekaden die Vereinten Nationen viele Programme oder Stiftungen, mit dem Ziel den armen Ländern zu helfen sich zu entwickeln, ins Leben gerufen haben. Durch diese Bemühungen haben sie die natürlichen Ressourcen der Entwicklungsländer erkundet. Tatsächlich hat trotz dieser Anstrengungen keines der ärmeren Länder die Stufe oder den Standard der Industrienationen erreicht. Ein Grund dafür ist sicherlich die weit verbreitete Korruption vieler Regierungen jener unterentwickelten Länder. Allerdings muss ich mit Bedauern sagen, dass die Industrienationen fortfahren, mit solchen Regierungen Geschäfte zu machen, um ihre eigenen Interessen voranzutreiben. Handelsabkommen, internationale Hilfen und Geschäftsverträge werden wei-

terhin ausgeführt. Und als Ergebnis davon haben die Frustrationen und die Unruhe der armen und sozial benachteiligten Schichten der Gesellschaft zugenommen, was zu Rebellion und Unordnung innerhalb dieser Länder geführt hat.
Die armen Menschen in den Entwicklungsländern sind mittlerweile so frustriert, dass sie sich nicht nur gegen ihre eigenen Oberhäupter, sondern auch gegen die Großmächte wenden. Dies hat den extremistischen Gruppen in die Hände gespielt, die Vorteile aus den Frustrationen zogen und so in der Lage waren, solche Menschen zu ermutigen, sich ihren Gruppen anzuschließen und ihre hasserfüllten Ideologien zu unterstützen. Und das Endergebnis davon ist, dass der Weltfrieden zerstört wurde.

Wege zum Frieden

Der Islam hat unsere Aufmerksamkeit auf verschiedene Mittel für Frieden gelenkt:

- Er erfordert absolute Gerechtigkeit.
- Er erfordert, dass immer wahrhaftes Zeugnis abgelegt wird.
- Er erfordert, dass unsere Blicke nicht neidisch auf den Reichtum anderer geworfen werden.
- Und er erfordert, dass die Industrienationen ihren Eigennutz beiseitelassen und stattdessen den weniger entwickelten und ärmeren Nationen mit wahrhaft selbstloser Haltung und Geist helfen und dienen.

Wenn all diese Faktoren beachtet werden, dann wird wahrhafter Friede geschaffen werden.

Maßnahmen im Kriegsfall

Wenn trotz all dieser vorangehend erwähnten Maßnahmen irgendein Land alle Grenzen überschreitet und ein anderes Land angreift und versucht, ungerechterweise die Kontrolle über dessen Ressourcen zu übernehmen, dann sollten die anderen Länder sicherlich Maßnahmen ergreifen, solche Grausamkeit zu beenden. Aber sie sollten dabei immer mit Gerechtigkeit handeln.

Die Gegebenheiten, um gemäß den islamischen Lehren zu handeln, sind detailliert im Heiligen Koran, in der Sure 49, festgelegt, in der gelehrt wird, dass, wenn zwei Nationen im Streit miteinander liegen und dies zum Krieg führt, die anderen Regierungen ihnen dann nachdrücklich zu Dialog und Diplomatie raten sollen, so dass sie zu einer Übereinkunft und Versöhnung auf der Basis von ausgehandelten Abkommen gelangen.

Wenn jedoch einer der Beteiligten die Bedingungen der Einigung nicht akzeptiert und Krieg führt, dann sollten die anderen Länder sich zusammentun und kämpfen, um den Angreifer zu stoppen. Wenn die angreifende Nation besiegt ist und einer beiderseitigen Verhandlung zustimmt, dann sollten alle Beteiligten auf eine Vereinbarung hinarbeiten, die zu lang anhaltendem Frieden und Versöhnung führt. Harte und ungerechte Bedingungen, die dazu führen, dass irgendeiner Nation die Hände gebunden sind, sollten nicht erzwungen werden, weil dies auf lange Sicht zu Unruhe führt, die gären und sich ausbreiten wird. Und das Ergebnis solcher Unruhe wird weiteres Chaos sein. Wenn eine dritte Regierung beteiligt ist und danach strebt, Versöhnung zwischen den beiden Parteien herbeizuführen, dann sollte sie mit Aufrichtigkeit und absoluter Unparteilichkeit zu Werke gehen. Diese Unparteilichkeit sollte jederzeit aufrechterhalten werden. Selbst wenn eine der Parteien gegen sie spricht, sollte die dritte Partei keinen

Ärger zeigen und keine Rache nehmen oder in unfairer Art und Weise handeln. Allen Beteiligten sollten ihre angemessenen Rechte gewährt werden. Demnach ist es für die Erfüllung der Voraussetzungen von Gerechtigkeit entscheidend, dass die Länder, die ein Abkommen aushandeln, nicht danach streben, ihre eigenen persönlichen Interessen durchzusetzen, oder versuchen, unzulässigen Vorteil von beiden Ländern zu erlangen. Sie sollten sich nicht ungerechterweise einmischen oder eine von beiden Parteien unter Druck setzen.
Die natürlichen Ressourcen irgendeines Landes sollten nicht ausgenutzt werden.
Unnötige und unfaire Einschränkungen sollten solchen Ländern nicht auferlegt werden, weil dies weder gerecht ist noch es sich jemals als Ursache erweisen kann, die Beziehung zwischen den Ländern zu verbessern.

Im Angesicht einer gewaltigen Zerstörung

Aufgrund der begrenzten Zeit habe ich diese Punkte nur sehr kurz angesprochen. Kurzum, wenn wir wünschen, dass Frieden in der Welt geschaffen wird, dann müssen wir unsere persönlichen und nationalen Interessen um des größeren Guten Willen beiseitelassen und einvernehmliche Beziehungen aufbauen, die vollständig auf der Gerechtigkeit aufbauen.
Einige von Ihnen mögen mir zustimmen, dass es andernfalls aufgrund der Bündnisse und Blöcke, die sich bilden könnten, bzw., die sich schon gebildet haben, nicht unwahrscheinlich ist, dass das Chaos in der Welt weiterhin zunehmen wird, was letztendlich zu einer gewaltigen Zerstörung führen wird. Die Auswirkungen einer solchen Verwüstung und Kriegsführung werden sicherlich über viele Generationen hinweg andauern.

Und daher sollten die Vereinigten Staaten als größte Weltmacht ihre Rolle dabei spielen, mit wahrhafter Gerechtigkeit und mit solchen guten Absichten, wie ich sie beschrieben habe, zu handeln.
Wenn es so geschieht, dann wird sich die Welt immer mit großer Bewunderung an Ihre großartigen Anstrengungen erinnern.
Ich bete dafür, dass dies Realität wird.
Ich danke Ihnen sehr. Noch einmal vielen Dank.

Briefe an die Führer der Welt

Brief an Seine Heiligkeit Papst Benedikt den XIV

An Seine Heiligkeit Papst Benedikt den XIV

Ich bete dafür, dass der allmächtige Gott Sie mit Seiner Gnade und mit Seinem Segen bescheren möge.
Als Oberhaupt der weltweiten Ahmadiyya Muslim Gemeinde möchte ich Ihrer Heiligkeit hiermit die Botschaft des Koran überbringen. Allah sagt im Heiligen Koran:

> Sprich: „O Volk der Schrift, kommt herbei zu einem Wort, das gleich ist zwischen uns und euch: dass wir keinen anbeten denn Allah und dass wir Ihm keinen Partner zur Seite stellen und dass nicht die einen unter uns die anderen zu Herren nehmen statt Allah."

Der Islam ist heute im Fokus des Weltinteresses und sehr häufig das Ziel übler Verleumdungen. Jedoch handeln jene, die diese Vorwürfe erheben, ohne die wahren Lehren des Islam überhaupt studiert zu haben. Leider haben einige muslimische Gruppierungen den Islam für ihre eigenen Interessen in ein falsches Licht gerückt. Als Resultat dessen ist das Misstrauen der westlichen Länder und der Nicht-Muslime gegenüber der muslimischen Bevölkerung gestiegen, so dass sogar gelehrte Personen damit begonnen haben, haltlose Anschuldigungen gegenüber dem Heiligen Propheten Muhammad[saw], dem Begründer des Islam, zu erheben.
Das Ziel jeder Religion ist es immer gewesen, die Menschen Gott näher zu bringen und menschliche Werte zu etablieren. Niemals hat der Gründer einer Religion gelehrt, dass seine Anhänger andere ihrer Rechte berauben oder grausam handeln sollen. So dürfen die Handlungen einer fehlgeleiteten Minderheit unter den Muslimen nicht als

Vorwand benutzt werden, um den Heiligen Propheten[saw], der Gründer des Islam, anzugreifen. Der Islam lehrt uns, die Propheten aller Religionen zu ehren, und deshalb ist es für jeden Muslim verpflichtend, an alle Propheten, die in der Bibel oder im Heiligen Koran Erwähnung finden, einschließlich aller Propheten, die es vor der Zeit von Jesus[as] gegeben hat, sowie an Jesus[as] selbst zu glauben.

Wir sind demütige Diener des Heiligen Propheten Muhammad[saw], und folglich durch die Verleumdungen, die gegen unseren Heiligen Propheten[saw] gerichtet werden, zutiefst betrübt und verletzt. Und diese unsere Gefühle drücken wir aus, indem wir damit fortfahren, die edlen und noblen Eigenschaften unseres Propheten[saw] sowie die schöne Lehre des Islam der Welt mit noch mehr Nachdruck und häufiger denn je vorzustellen.

Wenn eine Person eine Lehre nicht richtig befolgt, während sie behauptet, nach ihr zu leben, so befindet sich diese Person im Irrtum, und nicht die Lehre. Die Bedeutung des Wortes „Islam" lautet Frieden, Liebe und Geborgenheit. Es ist ein deutliches Gebot des Koran, das besagt, dass es in Glaubensdingen keinen Zwang geben darf. Der Heilige Koran lehrt von Anfang bis Ende Liebe, Zuneigung, Frieden, Versöhnung und Opferbereitschaft. Der Heilige Koran lehrt immer wieder, dass jener Mensch, der sich keine Rechtschaffenheit aneignet, nicht die Nähe Allahs erreichen kann, so dass eine solche Person von der Lehre des Islam weit entfernt lebt. Wenn nun behauptet wird, dass der Islam eine radikale und gewalttätige Religion sei, angefüllt mit Lehren des Blutvergießens, dann hat so eine Darstellung nichts mit dem wahren Islam zu tun.

Die Ahmadiyya Muslim Gemeinde praktiziert ausschließlich den wahren Islam und arbeitet nur, um Gottes Zufriedenheit zu erlangen. Wenn eine Kirche oder ein anderes Gotteshaus Schutz bedürfte, so würden wir uns für ihren Schutz einsetzen. Wenn eine Botschaft aus unserer Moschee hallt, dann nur die, dass Allah groß ist, dass wir bezeugen, dass niemand anbetungswürdig ist außer Ihm, und dass Muhammad[saw] der Gesandte Allahs ist.

Ein Faktor, der bei der Zerstörung des Weltfriedens eine enorme Rolle spielt, ist, dass manche Menschen in ihrer Gewissheit, dass sie ja sehr intelligent, gut gebildet und liberal seien, sich das Recht nehmen, die Religionsstifter zu verhöhnen und zu verspotten. Zur Etablierung des gesellschaftlichen Friedens ist es jedoch notwendig, dass jeder sein Herz von jeglichen Gefühlen der Feindseligkeit reinigt und das eigene Maß an Toleranz erhöht.

Es ist notwendig, dass jeder sich für den Schutz der Würde und der Ehre des Propheten des Andersgläubigen einsetzt. Die Welt ist heute von Unruhe und Unbehagen erfüllt, und das erfordert, dass wir eine Atmosphäre der Liebe und Zuneigung etablieren müssen. Dieses Unbehagen und die Angst müssen beseitigt werden, damit wir die Botschaft der Liebe und des Friedens in unserem Umfeld verbreiten. Und so lernen wir in noch größerer Harmonie zu leben, und dies noch besser als je zuvor. Erst auf diesem Weg lernen wir, menschliche Werte zu erkennen.

Heute sind an einigen Orten der Welt kleine Kriege ausgebrochen, während die Supermächte behaupten, dass sie an anderen Orten für die Etablierung des Friedens Anstrengungen unternehmen würden. Es ist jedoch kein Geheimnis mehr, dass es sich um scheinheilige Behauptungen handelt, weil die Menschheit getäuscht wird, um eigene Interessen und Vorhaben durchzusetzen.

Die entscheidende Frage lautet nun, ob unter solchen Umständen in der Welt der Frieden tatsächlich etabliert werden kann! Wenn wir den gegenwärtigen Zustand der Welt detailliert analysieren, so muss mit großem Bedauern festgestellt werden, dass das Fundament für einen neuen Weltkrieg schon gelegt worden ist.

Wenn man nach dem Zweiten Weltkrieg auf dem gerechten Weg wandelnd die Gerechtigkeit verankert hätte, dann müssten wir nun nicht zu Zeugen werden, die eine Welt sehen, die sich im Zustand des Krieges befindet. Als Konsequenz darauf, dass immer mehr Länder Nuklearwaffen besitzen, steigern sich Groll und Feindseligkeit und die Welt befindet sich am Abgrund der Zerstörung. Falls diese Massenvernichtungswaffen auf breiter Ebene eingesetzt werden sollten, so muss man damit rechnen, dass viele zukünftige Generationen mit körperlichen Behinderungen geboren werden. Und diese Generationen werden uns diese Verantwortungslosigkeit nie verzeihen. Es ist immer noch Zeit für die Welt, umzudenken, so dass sie ihre Aufmerksamkeit darauf lenkt, die Rechte ihres Schöpfers sowie die Rechte Seiner Geschöpfe zu erfüllen.
Ich glaube, dass es äußerst wichtig ist, anstatt sich rastlos auf den weiteren Fortschritt der Welt zu fokussieren, unsere Anstrengungen zur Errettung dieser Welt vor einem Untergang unverzüglich zu verstärken. Es ist zwingend notwendig, dass die Menschheit ihren Schöpfer erkennt, denn Er ist der einzige Garant für das Überleben der Menschheit; sonst bewegt sich die Welt rasant auf ihre Selbstzerstörung zu. Wenn heute der Mensch wahrhaftig bei der Etablierung des Friedens Erfolg haben möchte, dann muss er es aufgeben, nach den Fehlern der anderen zu suchen, und sich stattdessen darum bemühen, den inneren Satan bei sich selbst (den eigenen schlechten Trieb) zu bekämpfen. Man sollte seine üblen Eigenschaften beseitigen und mit höchstem Beispiel an Gerechtigkeit vorangehen. Ich habe die Welt wiederholt darauf aufmerksam gemacht, dass diese gegenseitigen exzessiven Feindschaften die menschlichen Werte zerstören, wodurch die Welt auf ihren Untergang zusteuert.
Da Sie in der Welt Einfluss haben, bitte ich Sie eindringlich darum, den Menschen zu übermitteln, dass sie rasant auf ihren Untergang

zusteuern, indem sie den durch Gott gegründeten Weg zur Gerechtigkeit behindern. Und das ist die Botschaft, die sehr deutlich bekannt gemacht und verbreitet werden sollte, und zwar so, wie es noch nie zuvor geschehen ist. Es ist notwendig, dass alle Religionen in der Welt religiöse Harmonie untereinander fördern, und alle Völker der Erde den Geist der Liebe, Zuneigung und Brüderlichkeit untereinander schaffen.

Es ist mein Gebet, dass wir alle unsere Verantwortung annehmen und unseren Beitrag leisten, wenn es darum geht, in der Welt Frieden und Liebe zu etablieren und unseren Schöpfer zu erkennen. Wir für uns haben das Gebet, wir flehen unablässig Allah an, dass diese Zerstörung der Welt verhindert werden möge. Ich bete dafür, dass wir alle vor der Zerstörung, mit der wir uns konfrontiert sehen, beschützt werden.

Hochachtungsvoll,

Mirza Masroor Ahmad
Khalifatul Masih V,
Oberhaupt der weltweiten
Ahmadiyya Muslim Gemeinde

Brief an den Premierminister von Israel

26. Februar 2012

Seine Exzellenz
Herr Benjamin Netanjahu
Premierminister von Israel
Jerusalem

Sehr geehrter Herr Premierminister,

ich habe neulich ein Schreiben an Seine Exzellenz Simon Peres, Präsident von Israel, geschickt, in dem ich ihn auf den sich gefährlich zuspitzenden Zustand des Weltgeschehens aufmerksam machte. Mit Hinblick auf die rasante Änderung der Umstände, empfand ich es ebenfalls als höchstbedeutsam meine Botschaft auch an Sie, als Vorsitzenden der Regierung Ihres Landes, zu richten.
Die Geschichte Ihrer Nation ist eng verbunden mit dem Prophetentum und göttlicher Offenbarung. Tatsächlich haben die Propheten der Kinder Israels sehr klare Prophezeiungen über die Zukunft Ihrer Nation gemacht. Als Resultat ihrer Gehorsamsverweigerung gegenüber den Lehren der Propheten und ihrer Nachlässigkeit zu ihren Prophezeiungen, mussten die Kinder Israels Schwierigkeiten und Kummer erleiden. Hätten sich die Oberhäupter Ihrer Nation standhaft in Gehorsam zu den Propheten geübt, hätten sie sich vor dem Unglück und Missgeschick retten können. Demzufolge sind Sie, möglicherweise sogar mehr als andere auf der Welt, verpflichtet den Prophezeiungen und Aufforderungen der Propheten Gehör zu schenken.
Ich wende mich an Sie als Kalif jenes Verheißenen Messias und Imam Mahdis[as], der als Diener des Heiligen Propheten Muhammad[saw] entsandt wurde, welcher selbst wiederum als Gnade für die gesamte Menschheit kam, so wie einst Moses[as] für die Kinder Israels (Deuteronium, 18:18). Es ist daher meine Pflicht, Sie an die Nachricht Gottes zu

erinnern. Ich hoffe, dass Sie zu denen gezählt werden, bei denen der Ruf Gottes Gehör findet und die erfolgreich den richtigen Pfad finden, nämlich den Pfad im Einklang mit der Führung des Erhabenen Gottes, dem Herrn der Himmel und Erde.

Uns erreichen momentan Berichte aus den Nachrichten, denen zufolge Sie einen Angriff auf den Iran vorbereiten. Gleichzeitig liegen die schrecklichen Auswirkungen eines Weltkriegs vor Ihnen offen dar. Im letzten Weltkrieg, in dem Millionen andere Menschen den Tod fanden, wurde das Leben hunderttausender Juden ebenfalls augelöscht. Als Premierminister ist es Ihre Pflicht das Leben Ihrer Nation zu schützen. Die gegenwärtigen Umstände der Welt deuten auf einen Weltkrieg hin, der nicht zwischen zwei Nationen geführt werden wird, sondern die Bildung von Blocks hervorrufen wird. Die Bedrohung eines erneuten Ausbruchs eines Weltkriegs nimmt sehr ernsthafte Züge an. Das Leben von Muslimen, Christen und Juden ist in Lebensgefahr. Sollte ein Krieg solchen Ausmaßes entfachen, würde es eine Kettenreaktion der menschlichen Zerstörung auslösen. Die Nachwirkungen einer solchen Katastrophe werden sich bis in die künftigen Generationen auswirken, in dem sie entweder behindert oder verkrüppelt geboren werden. Dies wird geschehen, da zweifelsohne in diesem Krieg nukleare Waffen ihren Einsatz finden werden.

Es ist daher meine Bitte an Sie, anstatt die Welt in den Zustand eines Weltkriegs zu versetzen, die Welt mit maximalen Bemühungen vor einer globalen Katastrophe zu bewahren. Anstatt Konflikte mit Gewalt zu lösen, sollten Sie diese mittels Dialog lösen, damit wir unsere künftigen Generationen mit einer vielversprechenden Zukunft beschenken können, anstatt sie mit dem der Behinderung und Mängel zu bescheren.

Ich möchte meine Ansichten anhand der folgenden Passagen aus den Lehren Ihrer Nation erläutern. Das erste Zitat ist aus dem Zabur:

> „[Von David.] Errege dich nicht über die Bösen, wegen der Übeltäter ereifere dich nicht! Denn sie verwelken schnell wie das Gras, wie grünes Kraut verdorren sie. Vertrau auf den Herrn und tu das Gute, bleib wohnen im Land und bewahre Treue! Freu dich innig am Herrn! Dann gibt er dir, was dein Herz begehrt. Befiehl dem Herrn deinen Weg und vertrau ihm; er wird es fügen. Er bringt deine Gerechtigkeit heraus wie das Licht und dein Recht so hell wie den Mittag. Sei still vor dem Herrn und harre auf ihn! Erhitze dich nicht über den Mann, dem alles gelingt, den Mann, der auf Ränke sinnt. Steh ab vom Zorn und lass den Grimm; erhitze dich nicht, es führt nur zu Bösem. Denn die Bösen werden ausgetilgt; die aber auf den Herrn hoffen, werden das Land besitzen. Eine Weile noch und der Frevler ist nicht mehr da; schaust du nach seiner Wohnung - sie ist nicht mehr zu finden. Doch die Armen werden das Land bekommen, sie werden Glück in Fülle genießen." *(Psalter, 37:1-11)*

Ähnlich findet sich in der Torah:

> „Du sollst in deinem Beutel nicht zwei verschiedene Gewichte haben, ein größeres und ein kleineres. Du sollst in deinem Haus nicht zwei verschiedene Efa haben, ein größeres und ein kleineres. Volle und richtige Gewichte sollst du haben, volle und richtige Hohlmaße sollst du haben, damit du lange in dem Land lebst, das der Herr, dein Gott, dir gibt. Denn alle, die so etwas tun, alle Betrüger, sind dem Herrn ein Gräuel."*(Deuteronium, 25:13-16)*

Die Staatsoberhäupter dieser Welt und insbesondere Sie sollten über den Gedanken vom Regieren durch Ausübung von Gewalt hinwegkommen und auf die Unterdrückung der Schwachen verzichten. Streben Sie die Verbreitung und Förderung von Gerechtigkeit und Frieden an. Denn dadurch werden Sie selbst in Frieden sein, Sie werden Stärke erlangen und Weltfrieden wird errichtet.

Ich bete, dass Sie und andere Staatsoberhäupter meine Nachricht verstehen, und der aus Ihrem Status erwachsenden Verantwortlichkeit gerecht werden.

Hochachtungsvoll,

Mirza Masroor Ahmad
Khalifatul Masih V
Oberhaupt der weltweiten
Ahmadiyya Muslim Gemeinde

Brief an den Präsidenten der Islamischen Republik Iran

07. März 2012

Präsident der Islamischen Republik Iran
Mahmoud Ahmadinejad
Teheran

Sehr geehrter Herr Präsident,

Assalamo Alaikum Wa Rahmatullahe Wa Barakatohu

in Hinblick auf den sich gefährlich zuspitzenden Zustand des Weltgeschehens, empfand ich es als höchstbedeutsam, an Sie zu schreiben, da Sie der Präsident des Iran sind, und somit die Autorität besitzen, Entscheidungen zu treffen, welche die Zukunft Ihrer Nation und der Welt im weiteren Sinne beeinflussen. Die Welt befindet sich momentan in einem Zustand von großer Aufruhr und Rastlosigkeit. In einigen Regionen haben sich Kriege auf regionaler Ebene entfacht, während in anderen Teilen der Erde die Großmächte unter dem Vorwand der Friedensförderung tätig sind. Jedes Land ist in Aktivitäten verwickelt, die entweder andere Länder stützen oder schwächen, ohne jedoch dabei den Anforderungen der Gerechtigkeit Genüge zu leisten. Nur mit großem Bedauern kann beim Beobachten der aktuellen Geschehnisse auf der Welt festgestellt werden, dass das Fundament für einen erneuten Weltkrieg bereits gelegt ist. Aufgrund der Tatsache, dass so viele Länder, groß und klein, im Besitz von nuklearen Waffen sind, nehmen Missgunst und Feindschaften zu. In einer solch misslichen Lage steht der Ausbruch eines Dritten Weltkrieges nahezu sicher vor uns. Wie es Ihnen sicherlich bewusst ist, wird die Verfügbarkeit von nuklearen Waffen bedeuten, dass der Dritte Weltkrieg ein Nuklearkrieg sein wird. Das ultimative Resultat wird von katastrophalem Ausmaß sein, welches durch die eingesetzten Waffen langfristig zu körperlichen Behinderungen und Deformationen der zukünftigen Generationen führen kann. Es ist meine Überzeugung, dass wir als Gefolgschaft des Heiligen Propheten Muhammad[saw], welcher zur Etablierung von Frieden auf der Welt gesandt wurde, und welcher *Rahmatullil Aalameen* – die Gnade für die gesamte Menschheit war –, wir nicht ein solches Schicksal für die Welt wünschen können und wollen. Aus diesem Grund trete ich mit der Bitte an Sie, dass der Iran, welcher ebenfalls ein einflussreiches Land auf der Welt ist, seinen Teil dazu beiträgt, einen Dritten Weltkrieg unbedingt zu verhindern. Es ist unbestreitbar, dass die einflussreichsten Supermächte in ihrem Tun eine Doppelmoral an den Tag legen. Ihre Ungerechtigkeit hat Rastlosigkeit und Unordnung auf der ganzen Welt verbreitet. Dessen ungeachtet dürfen wir nicht über die Tatsache hinwegschauen, dass einige muslimische Gruppierungen sich unangebracht und den wahren Lehren des Islam zuwider verhalten. Die Supermächte haben dies als Vorwand genutzt, um ihre eigennützigen Interessen durchzusetzen und verschiedene arme muslimische Länder auszunutzen. Folglich bitte ich Sie nochmals, Ihre größten Bemühungen und Kräfte zur Bewahrung der Welt vor einem Dritten Weltkrieg zu fokussieren. Der Heilige Koran lehrt den Muslimen, dass die Feindschaft gegen eine andere Nation die Muslime nicht daran hindern darf, in einer gerechten Art und Weise mit ihnen umzugehen. In der Sure Al Mai'dah ermahnt Allah der Erhabene:

> „[…] Es soll euch die Feindseligkeit eines Volkes, so es euch an der Heiligen Moschee hinderte, nicht zur Übertretung verführen. Und helfet einander in Rechtschaffenheit und Frömmigkeit; doch helfet einander nicht in Sünde und Übertretung. Und fürchtet Allah, denn Allah ist streng im Strafen." *(Sure 5, Vers 3)*

Analog dazu lässt sich in der gleichen Sure des Heiligen Koran das folgende Gebot an die Muslime finden:

> „O die ihr glaubt! Seid standhaft in Allahs Sache, bezeugend in Gerechtigkeit! Und die Feindseligkeit eines Volkes soll euch nicht verleiten, anders denn gerecht zu handeln. Seid gerecht, das ist näher der Gottesfurcht. Und fürchtet Allah; wahrlich, Allah ist kundig eures Tuns.“ *(Sure 5, Vers 9)*

Daraus folgernd dürfen Sie nicht andere Nationen aus bloßer Feindschaft und Hass bekämpfen. Zugegebenermaßen überschreitet Israel seine Grenzen und hat seinen Blick auf den Iran gerichtet. In der Tat, wenn ein Land sich gegen ihr Land auflehnt, haben sie das Recht auf Selbstverteidigung. Jedoch müssen Konflikte aufs Äußerste mit Diplomatie und Verhandlungsgeschick gelöst werden. Meine demütige Bitte an Sie ist, den Dialog zur Lösung von Konflikten vorzuziehen, anstatt mit physischer Gewalt vorzugehen.
Der Grund weshalb ich diese Bitte an Sie richte, ist, weil ich der Nachfolger der auserwählten Person Gottes bin, der in dieser Ära als der wahre Diener des Heiligen Propheten Muhammad[saw] kam, und den Anspruch des Verheißenen Messias und Imam Mahdi zu sein erhob. Seine Mission war es die Menschheit wieder näher zu Gott zu bewegen und die Rechte der Menschen in der Art und Weise zu etablieren, wie es unser Meister und Wegweiser, *Rahmatullil Aalameen* – die Barmherzigkeit für die Menschheit – der Heilige Prophet[saw] uns lehrte.
Möge Allah der Erhabene die muslimische Ummah dazu befähigen diese wunderbare Lehre zu verinnerlichen.

Wassalam,
Hochachtungsvoll,

Mirza Masroor Ahmad
Khalifatul Masih V
Oberhaupt der weltweiten Ahmadiyya Muslim Gemeinde

Brief an den Präsidenten der Vereinigten Staaten von Amerika

08. März 2012

Präsident Barack Obama
Präsident der Vereinigten Staaten von Amerika
The White House
1600 Pennsylvania Avenue NW
Washington D.C.

Sehr geehrter Herr Präsident,

in Hinblick auf den sich besorgniserregend entwickelnden Zustand des Weltgeschehens, vernahm ich die Notwendigkeit an Sie zu schreiben, da Sie als Präsident der Vereinigten Staaten von Amerika, einem Land, das eine Weltmacht darstellt, die Autorität besitzen, Entscheidungen zu treffen, die nicht nur die Zukunft Ihrer Nation, sondern auch die Zukunft der gesamten Welt beeinflussen können.
Die Welt befindet sich momentan in großer Unruhe und Rastlosigkeit. Regionale Kriege sind in bestimmten Teilen der Erde ausgebrochen. Leider waren die Weltmächte nicht in dem Maße erfolgreich, wie von ihnen erwartet wurde, um in diesen Konfliktregionen Frieden herbeizuführen. Jedes Land ist in Aktivitäten verwickelt, die entweder andere Länder stützen oder schwächen, ohne jedoch dabei den Anforderungen der Gerechtigkeit Genüge zu leisten. Nur mit großem Bedauern kann beim Beobachten der aktuellen Weltgeschehnisse festgestellt werden, dass das Fundament für einen erneuten Weltkrieg bereits gelegt ist. Aufgrund der Tatsache, dass so viele Länder, groß und klein, im Besitz von nuklearen Waffen sind, nehmen Missgunst und Feindschaften zwischen ihnen zu. In einer solchen Zwangslage, steht der Ausbruch eines Dritten Weltkrieges nahezu sicher vor uns. Dieser Weltkrieg würde sicherlich den Einsatz von Nuklearwaffen hervorrufen und wir werden Zeugen der Bewegung hin zu einer schreck-

lichen Zerstörung. Wäre der Pfad der Gleichheit und Gerechtigkeit nach dem Zweiten Weltkrieg eingeleitet worden, würden wir nicht den heutigen Zustand der Welt beobachten müssen, welcher den Frieden in den Flammen der Kriege verschlingt.

Wie allseits bekannt ist, waren die Hauptgründe die zum Zweiten Weltkrieg führten, das Versagen des Völkerbundes und die Weltwirtschaftskrise, welche 1932 ihren Lauf nahm. Führende Wirtschaftswissenschaftler sehen heute zahlreiche Parallelen zwischen der kontemporären Weltwirtschaftskrise und jener von 1932. Wir beobachten, wie Kriege zwischen kleineren Nationen aufgrund politischer und wirtschaftlicher Streitigkeiten entfachen und innere Uneinigkeit und Unzufriedenheit in den Ländern überhandnehmen. Dies wird schließlich zu Kräften führen, die zum Regierungsapparat aufstreben, die uns letztendlich zum Weltkrieg führen werden. Sollten in den kleineren Ländern die Konflikte nicht durch Politik und Diplomatie gelöst werden können, werden neue Blocks und Lager auf der politischen Weltkarte entstehen. Dies wird letztendlich der Wegbereiter für den Ausbruch eines Dritten Weltkriegs werden. Infolgedessen bin ich davon überzeugt, dass es weitaus wichtiger und essentiell ist, unsere Bemühungen dringend zu intensivieren, die Welt vor einer Zerstörung zu retten, anstatt unseren Fokus auf den Fortschritt der Welt zu legen. Es besteht ein dringendes Bedürfnis, dass die Menschheit den Einen Gott, unseren Schöpfer, erkennt, denn dies ist der einzige Garant für das Überleben der Menschheit. Andernfalls nähert sich die Welt weiterhin mit großen Schritten der Selbstzerstörung.

Meine Bitte an Sie, und tatsächlich an alle anderen Staatsoberhäupter, ist, dass Sie anstatt physischer Gewalt, die zur Unterdrückung anderer Nationen genutzt wird, sich der Diplomatie, Dialog und Weisheit bedienen. Die Supermächte der Welt, wie zum Beispiel die Vereinigten Staaten, sollten ihre Rolle zur Etablierung von Weltfrieden gerecht werden. Sie sollten nicht die Taten kleinerer Länder als Vorwand nehmen, um die weltweite Harmonie zu stören. In der heutigen Zeit werden Nuklearwaffen nicht nur von den Vereinigten Staaten und anderen Großmächten besessen, sondern viele kleinere Staaten besitzen Massenvernichtungswaffen, deren Führer oft kriegslüsterner sind und unbedacht und ohne Abwägung handeln. Daher ist meine demütige Bitte an Sie, Ihr äußerst Mögliches zu tun, um sowohl die Großmächte als auch die kleineren Länder davon abzuhalten, einen Dritten Weltkrieg anzufachen. Es sollte uns zweifelsohne klar sein, dass bei unserem Misslingen die Konsequenzen und Nachwirkungen eines solchen Krieges nicht nur die armen Länder Asiens, Europas und der amerikanischen Kontinente treffen würden, sondern kommende Generationen die schrecklichen Konsequenzen unseres Handelns zu tragen hätten, indem Kinder überall auf der Welt mit Behinderungen und Deformationen zur Welt kämen. Sie werden niemals ihren vorangegangenen Generationen für ihre Fehler vergeben, die eine Katastrophe dieses globalen Ausmaßes errichtet haben werden.

Anstelle der Besorgnis um eigennützige Interessen, sollten wir an unseren kommenden Generationen denkend ihnen eine vielversprechende Zukunft ermöglichen.

Möge Gott der Erhabene Sie und alle anderen Staatsoberhäupter dazu befähigen, diese Nachricht zu begreifen.

Hochachtungsvoll,

Mirza Masroor Ahmad
Khalifatul Masih V
Oberhaupt der weltweiten Ahmadiyya Muslim Gemeinde

Brief an den Premierminister von Kanada

08. März 2012

Mr. Stephen Harper
Premierminister von Kanada
Ottawa, Ontario

Sehr geehrter Herr Premierminister,

in Hinblick auf den sich besorgniserregend entwickelnden Zustand des Weltgeschehens, vernahm ich die Notwendigkeit, an Sie zu schreiben, da Sie der Premierminister von Kanada sind und daher die Autorität besitzen, Entscheidungen zu treffen, die nicht nur die Zukunft Ihrer Nation, sondern auch die Zukunft der gesamten Welt beeinflussen können.

Die Welt befindet sich momentan in großer Unruhe und Rastlosigkeit. Regionale Kriege sind in bestimmten Teilen der Erde ausgebrochen. Leider waren die Weltmächte nicht in dem Maße erfolgreich, wie von ihnen erwartet wurde, um in diesen Konfliktregionen Frieden herbeizuführen. Jedes Land ist in Aktivitäten verwickelt, die entweder andere Länder stützen oder schwächen, ohne jedoch dabei den Anforderungen der Gerechtigkeit Genüge zu leisten. Nur mit großem Bedauern kann beim Beobachten der aktuellen Weltgeschehnisse festgestellt werden, dass das Fundament für einen erneuten Weltkrieg bereits gelegt ist. Aufgrund der Tatsache, dass so viele Länder, groß und klein, im Besitz von nuklearen Waffen sind, nehmen Missgunst und Feindschaften zwischen ihnen zu. In einer solchen Zwangslage, steht der Ausbruch eines Dritten Weltkrieges nahezu sicher vor uns. Dieser Weltkrieg würde sicherlich den Einsatz von Nuklearwaffen hervorrufen und wir werden Zeugen der Bewegung hin zu einer schrecklichen Zerstörung. Wäre der Pfad der Gleichheit und Gerechtigkeit nach dem Zweiten Weltkrieg eingeleitet worden, würden wir nicht den heutigen Zustand der Welt beobachten müssen, welcher den Frie-

den in den Flammen der Kriege verschlingt.
Wie allseits bekannt ist, waren die Hauptgründe die zum Zweiten Weltkrieg führten, das Versagen des Völkerbundes und die Weltwirtschaftskrise, welche 1932 ihren Lauf nahm. Führende Wirtschaftswissenschaftler sehen heute zahlreiche Parallelen zwischen der kontemporären Weltwirtschaftskrise und jener von 1932. Wir beobachten wie Kriege zwischen kleineren Nationen aufgrund politischer und wirtschaftlicher Streitigkeiten entfachen und innere Uneinigkeit und Unzufriedenheit in den Ländern überhand nehmen. Dies wird schließlich zu Kräften führen, die zum Regierungsapparat aufstreben, die uns letztendlich zum Weltkrieg führen werden. Sollten in den kleineren Ländern die Konflikte nicht durch Politik und Diplomatie gelöst werden können, werden neue Blocks und Lager auf der politischen Weltkarte entstehen. Dies wird letztendlich der Wegbereiter für den Ausbruch eines Dritten Weltkriegs werden. Infolgedessen bin ich davon überzeugt, dass es weitaus wichtiger, ja essentiell ist, unsere Bemühungen dringend zu intensivieren, die Welt vor einer Zerstörung zu retten, anstatt unseren Fokus auf den Fortschritt der Welt zu richten. Es besteht ein dringendes Bedürfnis, dass die Menschheit den Einen Gott, unseren Schöpfer, erkennt, denn dies ist der einzige Garant für das Überleben der Menschheit. Andernfalls nähert sich die Welt weiterhin mit großen Schritten der Selbstzerstörung.
Kanada wird weithin als eines der gerechtesten Länder in der Welt betrachtet. Ihr Land mischt sich normalerweise nicht in die internen Angelegenheiten anderer Länder ein. Ferner pflegen wir, die Ahmadiyya Muslim Gemeinschaft, besondere Freundschaftsbande mit dem kanadischen Volk. Daher bitte ich Sie darum, sich aufs Äußerste darum zu bemühen, die großen und kleinen Mächte daran zu hindern, uns in einen vernichtenden Dritten Weltkrieg zu führen.
Meine Bitte an Sie, und tatsächlich an alle anderen Staatsoberhäupter

ist, dass Sie anstatt von physischer Gewalt, die zur Unterdrückung anderer Nationen genutzt wird, sich der Diplomatie, Dialog und Weisheit bedienen. Die Großmächte der Welt, wie zum Beispiel Kanada, sollten ihre Rolle zur Etablierung des Weltfriedens gerecht werden. Sie sollten nicht die Taten kleinerer Länder als Vorwand nehmen, um die weltweite Harmonie zu stören. In der heutigen Zeit werden Nuklearwaffen nicht nur von den Großmächten besessen, sondern viele kleinere Staaten besitzen Massenvernichtungswaffen, deren Führer oft kriegslüstern sind und unbedacht und ohne Abwägung handeln. Daher ist meine demütige Bitte an Sie, all Ihre Energie und Bemühungen dafür einzusetzen, den Ausbruch eines Dritten Weltkrieges zu verhindern. Es sollte uns zweifelsohne klar sein, dass falls wir in dieser Aufgabe versagen, die Konsequenzen und Nachwirkungen eines solchen Krieges nicht nur die armen Länder Asiens, Europas und der amerikanischen Kontinente treffen würden, sondern kommende Generationen die schrecklichen Konsequenzen unseres Handelns zu tragen hätten, indem Kinder überall auf der Welt mit Behinderungen und Deformationen zur Welt kämen. Sie werden niemals ihren vorangegangenen Generationen für ihre Fehler vergeben, die eine Katastrophe dieses globalen Ausmaßes verrichtet haben werden.

Anstelle der Besorgnis um eigennützige Interessen, sollten wir an unseren kommenden Generationen denkend ihnen eine vielversprechende Zukunft aufbauen. Möge Gott der Erhabene Sie und alle anderen Staatsoberhäupter dazu befähigen, diese Nachricht zu begreifen.

Hochachtungsvoll,

Mirza Masroor Ahmad
Khalifatul Masih V
Oberhaupt der weltweiten Ahmadiyya Muslim Gemeinde

Brief an den Hüter der Zwei Heiligen Stätten, König des Königreichs Saudi Arabien

28. März 2012

Hüter der Heiligen Stätten,
König des Königreichs Saudi Arabien
Abdullah bin Abdul-Aziz Al Saud
Riad, Saudi Arabien

Verehrter König Abdullah,

Assalamo aleikum wa rahmatullahi wa barakatohu

Heute schreibe ich Ihnen mit der Absicht, eine sehr wichtige Angelegenheit anzusprechen, denn als Hüter der zwei Heiligen Stätten und König von Saudi Arabien haben Sie eine sehr hohe Position in der muslimischen Gemeinschaft inne. Denn in Ihrem Land befinden sich die zwei heiligsten Stätten des Islam – *Makkah Al Mukarramah* und *Madina Al Munawwarah* – die zu lieben ein Teil des Glaubens der Muslime ist. Diese Stätten sind auch Zentrum des spirituellen Fortschritts für die Muslime und werden von ihnen sehr geehrt. In diesem Lichte verleihen alle Muslime und muslimischen Regierungen Ihnen einen besonderen Status. Dieser Status fordert einerseits, dass Sie die muslimische Gemeinschaft richtig leiten, und andererseits, dass Sie danach streben, eine friedliche und harmonische Atmosphäre in den muslimischen Ländern zu schaffen. Sie sollten sich auch darum bemühen, gegenseitige Liebe und Mitgefühl unter den Muslimen zu entwickeln und sie aufzuklären bezüglich der Essenz von:

رُحَمَآءُ بَيْنَهُمْ

Letztendlich sollten Sie danach streben, in der gesamten Welt Frieden zu schaffen zum Wohle der gesamten Menschheit. Als Oberhaupt der Ahmadiyya Muslim Jamaat und Nachfolger des Verheißenen Messias und Imam Mahdi[as] ist es meine Bitte, dass ungeachtet bestimmter lehrmäßiger Unterschiede, die zwischen der Ahmadiyya Muslim Jamaat und anderen Strömungen des Islam existieren, wir dennoch vereint sein sollten in der Bemühung, den Weltfrieden zu etablieren. Wir sollten unser bestmöglichstes tun, die Welt über die wahren Lehren des Islam aufzuklären, die auf Liebe und Frieden basieren. Derart können wir die allgemeinen Missverständnisse, die unter den Leuten im Westen und in der Welt über den Islam herrschen, ausräumen. Feindschaft zu anderen Nationen oder Gruppierungen sollte uns nicht daran hindern, gerecht zu handeln. Allah, der Allmächtige, sagt in Vers 3 der Sura Al Maidah des Heiligen Koran:

وَلَا يَجْرِمَنَّكُمْ شَنَآنُ قَوْمٍ أَنْ صَدُّوكُمْ عَنِ الْمَسْجِدِ الْحَرَامِ أَنْ تَعْتَدُوا ۘ وَتَعَاوَنُوا عَلَى
الْبِرِّ وَالتَّقْوَىٰ ۖ وَلَا تَعَاوَنُوا عَلَى الْإِثْمِ وَالْعُدْوَانِ ۚ وَاتَّقُوا اللَّهَ ۖ إِنَّ اللَّهَ شَدِيدُ الْعِقَابِ.

> „Es soll euch die Feindseligkeit eines Volkes, so es euch an der Heiligen Moschee hinderte, nicht zur Übertretung verführen. Und helfet einander in Rechtschaffenheit und Frömmigkeit; doch helfet einander nicht in Sünde und Übertretung. Und fürchtet Allah, denn Allah ist streng im Strafen."

Dies ist das leitende Prinzip, das wir im Auge behalten sollten, so dass wir unsere Pflicht, der Welt das wunderschöne Gesicht des Islam zu zeigen, erfüllen können. Mit Gefühlen inniger Liebe und aus tiefem Mitgefühl für die Muslime weltweit bitte ich Sie, in dieser Hinsicht Ihren Anteil beizutragen.

Wir sehen, dass in der Welt heutzutage manche Politiker und sogenannte Gelehrte Samen des Hasses gegen den Islam säen im Bemühen darin, den Heiligen Propheten[saw] zu diffamieren. Sie versuchen, völlig verdrehte Interpretationen der Lehren des Heiligen Korans zu präsentieren, um ihre Ziele zu erreichen. Ferner verschlechtert sich der Konflikt zwischen Palästina und Israel von Tag zu Tag, und die Feindseligkeiten zwischen Israel und Iran haben sich in dem Maße erhöht, dass ihre Beziehung ernsthaft zu Bruch gegangen ist. Solche Umstände fordern, dass Sie als ein enorm wichtiger Führer innerhalb der muslimischen Gemeinschaft jegliche Bemühung unternehmen sollten, diese Konflikte mit Gerechtigkeit und Gleichheit zu lösen. Die Ahmadiyya Muslim Jamaat tut alles, was ihr möglich ist, den Hass gegen den Islam abzubauen, wo und wann immer er auftaucht. Solange nicht die muslimische Gemeinschaft sich als Eins vereinigt und dahingehend Bemühungen unternimmt, kann niemals Frieden etabliert werden.

Daher ist meine Bitte an Sie, in dieser Hinsicht Ihr bestmöglichstes zu tun. Falls der Dritte Weltkrieg tatsächlich einzutreten vorhergesehen ist, sollten wir zumindest danach streben, sicherzustellen, dass er von keinem muslimischen Land aus entsteht. Kein muslimisches Land oder irgendein einzelner Muslim irgendwo in der Welt, heute oder in Zukunft, wird die Schuld tragen wollen, der Funke einer globalen Katastrophe zu sein, deren Langzeitauswirkungen dazu führen werden, dass nachkommende Generationen mit Behinderungen und Deformationen geboren werden, denn wenn jetzt ein Weltkrieg ausbricht, wird er sicherlich mit nuklearen Waffen ausgetragen werden. Wir haben schon einen flüchtigen Eindruck der völligen Verwüstung durch atomare Kriegsführung erfahren, als Nuklearbomben im Zweiten Weltkrieg über zwei japanische Städte abgeworfen wurden.

Daher, O König von Saudi Arabien! Wenden Sie all Ihre Energie und all Ihren Einfluss auf, die Welt vor der Vernichtung zu bewahren! Möge Allah, der Allmächtige, Ihnen Seine Hilfe und Unterstützung gewähren, Amin. Mit dem Gebet für Sie und die gesamte muslimische Ummah:

اِهۡدِنَا الصِّرَاطَ الۡمُسۡتَقِيۡمَ.

„Führe uns auf den geraden Weg." *(1:6)*

Wassalam,

Hochachtungsvoll,

Mirza Masroor Ahmad

Khalifatul Masih V.
Oberhaupt der weltweiten Ahmadiyya Muslim Gemeinschaft

Brief an den Premier des Staatsrates der Volksrepublik China

09. April 2012

Seine Exzellenz,
Premier des Staatsrates der Volksrepublik China
Herr Wen Jiabao
Zhongnanhai, China

Sehr geehrter Premier,

ich sende Ihnen diesen Brief anhand eines Repräsentanten der Ahmadiyya Muslim Gemeinschaft. Er ist der Präsident unserer Gemeinschaft in Kababir, Israel und wurde eingeladen vom Minister für Minderheiten in China. Unser Repräsentant wurde chinesischen Offiziellen vorgestellt während des Besuches einer Delegation aus China, der auch der Stellvertretende Minister für Minderheiten angehörte, in unserem Missionshaus in Kababir.

Die Ahmadiyya Muslim Gemeinschaft ist jene Gruppierung im Islam, die fest daran glaubt, dass der Messias und Reformer, der vorherbestimmt war in diesem Zeitalter zu erscheinen als der Mahdi zur Rechtleitung der Muslime, der Messias zur Führung der Christen und als ein Führer zur Reformierung der gesamten Menschheit, tatsächlich erschienen ist in Übereinstimmung mit den Prophezeiungen des Heiligen Propheten Muhammad[saw], und daher haben wir ihn angenommen. Sein Name war Hadhrat Mirza Ghulam Ahmad[as] aus Qadian, Indien. Gemäß dem Gebot Gottes, des Allmächtigen, gründete er die Ahmadiyya Muslim Gemeinschaft im Jahr 1889. Als er 1908 verstarb hatten Hunderte und Tausende von Menschen sich dieser Gemeinschaft angeschlossen. Nach seinem Ableben wurde die Institution des Kalifentums etabliert. Zurzeit befinden wir uns in der Ära des fünften Kalifentums, und ich bin der Fünfte Kalif des Verheißenen Messias[as].

Ein enorm wichtiger und fundamentaler Aspekt unserer Lehren ist, dass in dieser Ära religiöse Kriege enden sollten. Ferner glauben wir, dass jeder, der wünscht, irgendeine Lehre zu vermitteln oder zu verbreiten, dies nur in einer Stimmung und Atmosphäre der Liebe, des Mitgefühls und der Brüderlichkeit tun sollte, so dass er zum Quell der Etablierung von Frieden, Versöhnung und Harmonie werden kann. Dieser wichtige Aspekt, der auf den wahren Lehren des Islam beruht, wird von der Ahmadiyya Muslim Gemeinschaft in der ganzen Welt gefördert und kundgemacht. Die Gemeinschaft ist nun in über 200 Ländern verbreitet und besteht aus Millionen von Anhängern.

Ich möchte Ihnen folgende Botschaft übermitteln: Die Welt befindet sich momentan in großer Unruhe und Rastlosigkeit. In der Tat scheint es so, als ob wir uns mit großer Geschwindigkeit hin zu einem Weltkrieg bewegen. Sie sind der Führer einer Supermacht. Mehr noch, ein enorm großer Teil der Weltbevölkerung lebt unter Ihrer Herrschaft. Sie besitzen auch bei Bedarf das Vetorecht in den Vereinten Nationen. Daher, in diesem Zusammenhang, ist es meine Bitte an Sie, Ihren Anteil dazu beizutragen, die Welt vor der Zerstötung zu bewahren, die sich vor uns bedrohlich abzeichnet. Ungeachtet von Nationalität, Religion, Gesellschaftsklasse oder Überzeugung sollten wir uns aufs äußerste darum bemühen, die Menschheit zu retten.

Nachdem in China die Revolution stattfand, gab es großen Fortschritt und Wandel. Der ehrenwerte Mao Tse Tung, der ein großartiger Führer Ihrer Nation war, etablierte das Fundament für hohe moralische Werte, welches in anderen Worten auch als der exzellenteste Standard menschlicher Werte beschrieben werden kann. Obwohl Sie nicht an die Existenz Gottes glauben und Ihre Prinzipien auf Moral beruhen, möchte ich deutlich machen, dass unser Gott, Der jener Gott ist, wie der Islam Ihn schildert, den Koran als Rechtleitung für die gesamte Menschheit offenbarte, und der Koran predigt all jene Moraleigenschaften, die Sie befolgen, aber er beinhaltet auch weitergehende moralische Rechtleitung. Er enthält wunderschöne Lehren, die die Mittel zum Unterhalt der Menschheit darlegen und menschliche Werte etablieren. Wenn die Welt – insbesondere die muslimische Welt – sich diese koranischen Lehren aneignet, werden alle Probleme und Konflikte gelöst sein, und es wird eine Atmosphäre des Friedens und der Harmonie gefördert werden.

Heute bemüht sich die Ahmadiyya Muslim Gemeinschaft darum, eben dieses Ziel und diesen Zweck in jedem Teil der Welt voranzutreiben. Durch unsere Friedenskonferenzen und in zahlreichen Begegnungen, die ich mit verschiedenen Kategorien von Menschen und Gruppen aller Gesellschaftsschichten hatte, erinnere ich die Welt an dieses wesentliche Ziel. Ich bete, dass die Führer in der Welt mit Weisheit handeln und nicht zulassen, dass die gegenseitigen Feindschaften zwischen Nationen und Völkern auf kleiner Ebene in einen globalen Konflikt ausarten. Es ist auch meine Bitte an Sie, als eine große Supermacht in der Welt, Ihren Anteil dazu beizutragen, den Weltfrieden zu etablieren. Retten Sie die Welt vor den fürchterlichen Konsequenzen eines Weltkrieges, denn falls ein solcher Krieg ausbricht, wird er mit dem Gebrauch atomarer Waffen enden. Es ist durchaus möglich, dass als Resultat Teile bestimmter Länder oder Gebiete in der Welt von der Erdoberfläche ausgelöscht werden. Die Auswirkungen und Folgen eines Atomkrieges werden nicht lediglich auf die unmittelbare Zerstörung begrenzt sein, sondern die Langzeitwirkungen werden dazu führen, dass zukünftige Generationen behindert oder mit Defekten geboren werden. Daher, wenden Sie all Ihre Energie, Fähigkeiten und Ressourcen in der Bemühung dazu auf, die Menschheit vor solch schrecklichen Konsequenzen zu bewahren. Es wird letztendlich zum Wohle Ihrer Nation sein, wenn Sie dies befolgen. Ich bete, dass alle Länder der Welt, große und kleine, diese Botschaft verstehen mögen.

Mit besten Wünschen und Gebeten,

Hochachtungsvoll,

Mirza Masroor Ahmad
Khalifatul Masih V.
Oberhaupt der weltweiten Ahmadiyya Muslim Gemeinschaft

Brief an den Premierminister des Vereinigten Königreichs

15. April 2012

Premierminister des Vereinigten Königreichs von Großbritannien und Nord-Irland
Rt. Hon. David Cameron
10 Downing Street, London
SW1A 2AA
Vereinigtes Königreich

Sehr geehrter Premierminister,

im Lichte der gefahrvollen und unsicheren Umstände, die die Welt zurzeit durchlebt, empfand ich es als nötig, Ihnen zu schreiben. Als Premierminister des Vereinigten Königreichs besitzen Sie die Autorität, Entscheidungen zu treffen, die nicht nur die Zukunft Ihrer Nation, sondern auch die Zukunft der gesamten Welt beeinflussen können. Heute braucht die Welt dringend Frieden, denn Funken von Krieg können in der ganzen Welt gesehen werden. Konflikte zwischen Nationen auf kleiner Ebene drohen in einen globalen Konflikt auszuarten. Wir beobachten, dass die Weltlage heute ähnlich der Situation im Jahre 1932 ist, sowohl ökonomisch als auch politisch. Es gibt viele weitere Ähnlichkeiten und Parallelen, die wenn man sie zusammennimmt, heute das gleiche Bild ergeben wie das, welches kurz vor dem Ausbruch des Zweiten Weltkrieges beobachtet wurde. Wenn diese Funken jemals wirklich angefacht werden, werden wir das schreckliche Szenario eines Dritten Weltkrieges sehen müssen. Angesichts zahlreicher Nationen, groß und klein, die nukleare Waffen besitzen, würde solch ein Krieg zweifelsohne atomare Kriegsführung mit einbeziehen. Die heute zur Verfügung stehenden Waffen sind so zerstörerisch, dass sie dazu führen könnten, dass Generationen um Generationen von Kindern mit ernsten genetischen oder physischen Defekten geboren werden würden. Japan ist jenes Land, das die abscheulichen Konsequenzen atomarer Kriegsführung erfahren hat, als es während des Zweiten Weltkrieges mit Nuklearbomben angegriffen wurde, die zwei seiner Städte auslöschten. Doch waren die Nuklearbomben, die zu jener Zeit benutzt wurden und weitverbreitete Zerstörung verursachten, sehr viel weniger kraftvoll als die Atomwaffen, die heute selbst bestimmte kleine Länder besitzen. Daher ist es die Pflicht der Supermächte, sich zusammen zu setzen, um eine Lösung zu finden, die Menschheit vom Rande des Desasters zu retten.

Große Angst verursacht das Wissen, dass die Nuklearwaffen in kleineren Ländern in den Händen kriegslüsterner Menschen landen könnten, die entweder nicht die Fähigkeit besitzen oder es vorziehen, nicht an die Konsequenzen ihrer Handlungen zu denken. Wenn die Großmächte nicht mit Gerechtigkeit agieren, nicht die Frustration kleiner Nationen eliminieren und sich nicht großartige und weise Strategien aneignen, wird die Situation vollkommen außer Kontrolle geraten, und die Zerstörung, die folgen wird, liegt außerhalb unseres Verständnisses und unserer Vorstellungskraft. Selbst die Mehrheit der Weltbevölkerung, die sich Frieden wünscht, wird von dieser Verwüstung verschlungen werden.

Daher ist es mein sehnlicher Wunsch und mein Gebet, dass Sie und die Führer aller großer Nationen diese schreckliche Realität begreifen, und anstatt sich aggressive Strategien anzueignen und Gewalt einzusetzen, um Ihre Ziele und Zwecke zu erreichen, sollten Sie sich darum bemühen, Strategien anzunehmen, die Gerechtigkeit fördern und sichern.

Wenn wir in die jüngste Vergangenheit blicken, regierte Britannien über viele Länder und hinterließ einen hohen Standard an Gerechtigkeit und Religionsfreiheit, insbesondere auf dem Subkontinent von Indien und Pakistan. Als der Gründer der Ahmadiyya Muslim

Gemeinde Ihrer Majestät, Königin Viktoria, zu ihrem diamantenem Jubiläum gratulierte und ihr die Botschaft des Islam übermittelte, betete er besonders zu Gott dafür, die Britische Regierung reichlich zu belohnen angesichts der Art und Weise, wie sie mit Gerechtigkeit und Gleichheit regierte. Er lobte die Britische Regierung außerordentlich für ihre gerechten Strategien und für die Gewährung der Religionsfreiheit. In der heutigen Welt herrscht die Britische Regierung nicht mehr über den Subkontinent, aber immer noch sind die Prinzipien der Religionsfreiheit fest in der Britischen Gesellschaft und ihren Gesetzen verankert, durch die jeder Person Religionsfreiheit und gleiche Rechte gewährt werden. Dieses Jahr wird das diamantene Jubiläum Ihrer Majestät, Königin Elizabeth II., gefeiert, welches Großbritannien eine Möglichkeit gibt, der Welt ihren Maßstab an Gerechtigkeit und Wahrheit zu demonstrieren. Die Geschichte der Ahmadiyya Muslim Gemeinde zeigt, dass wir immer diese Gerechtigkeit anerkannt haben, wann immer von Britannien dargelegt, und wir hoffen, dass auch in Zukunft Gerechtigkeit ein bezeichnendes Merkmal der Britischen Regierung bleiben wird, nicht nur in religiösen Angelegenheiten sondern in jeglicher Hinsicht; dass Sie niemals die guten Eigenschaften Ihrer Nation aus der Vergangenheit vergessen werden, und dass in der aktuellen Weltlage, Großbritannien seinen Anteil dazu beitragen wird, den Weltfrieden zu etablieren.

Es ist meine Bitte, dass wir auf jeder Ebene und in jeder Richtung unser bestmögliches versuchen müssen, die Flammen des Hasses und der Feindschaften auszulöschen. Nur wenn wir in dieser Bemühung erfolgreich sind, wird es uns möglich sein, unseren kommenden Generationen eine strahlendere Zukunft zu garantieren. Falls wir jedoch bei dieser Aufgabe versagen, sollten wir keine Zweifel daran haben, dass als Resultat nuklearer Kriegsführung unsere zukünftigen Generationen überall die schrecklichen Konsequenzen unserer Handlungen zu ertragen haben werden, und sie werden ihren Älteren nie vergeben, die Welt in eine globale Katastrophe geführt zu haben. Ich weise Sie erneut darauf hin, dass Großbritannien auch eines jener Länder ist, dass Einfluss ausüben kann und tut, sowohl in den Industrieländern als auch in den Entwicklungsländern. Sie können dieser Welt die Richtung weisen, so Sie es denn wollen, indem sie die Voraussetzungen von Gleichheit und Gerechtigkeit erfüllen. Daher sollten Großbritannien und andere Großmächte ihren Anteil dazu beitragen, den Weltfrieden zu etablieren. Möge Gott, der Allmächtige, Sie und andere Weltpolitiker dazu befähigen, diese Botschaft zu verstehen.

Mit besten Wünschen und Gebeten,

Hochachtungsvoll,

Mirza Masroor Ahmad
Khalifatul Masih V.
Oberhaupt der weltweiten Ahmadiyya Muslim Gemeinde

Brief an die Bundeskanzlerin der Bundesrepublik Deutschland

15. April 2012

Ihre Exzellenz
Bundeskanzlerin der Bundesrepublik Deutschland
Angela Merkel
Bundeskanzleramt
Willy-Brandt-Str.1
10557 Berlin

Sehr geehrte Bundeskanzlerin,

im Lichte der alarmierenden und äußerst besorgniserregenden heutigen Lage in der Welt, erachtete ich es als notwendig, Ihnen zu schreiben. Als die Bundeskanzlerin der Bundesrepublik Deutschland, eines Landes, welches erhebliche Macht und Einfluss in der Welt hat, besitzen Sie die Autorität, Entscheidungen zu treffen, die nicht nur die Zukunft Ihrer Nation, sondern auch die Zukunft der gesamten Welt beeinflussen können. Heute, wo die Welt in Blöcke unterteilt wird, Extremismus eskaliert und die finanzielle, politische und ökonomische Situation sich verschlechtert, besteht dringender Bedarf, jegliche Formen von Hass auszulöschen und die Grundlage für Frieden zu legen. Dies kann nur erreicht werden, indem die Gefühle jeder einzelnen Person respektiert werden. Da dies nicht richtig, wahrhaftig und wirksam umgesetzt wird, gerät die Weltlage in rasendem Tempo außer Kontrolle. Wir beobachten, dass die Voraussetzungen für Gerechtigkeit von den meisten Nationen nicht erfüllt werden, und als Ergebnis dessen ist schon die Basis für einen weiteren Weltkrieg gelegt worden. Zahlreiche Länder, sowohl große als auch kleine, besitzen mittlerweile Nuklearwaffen. Daher, falls ein Weltkrieg ausbricht, ist es wahrscheinlich, dass er nicht mit konventionellen Waffen ausgetragen werden wird, sondern mit Atomwaffen. Die Zerstörung, die aus einem nuklearen Konflikt resultieren wird, wird äußerst verheerend sein. Ihre Auswirkungen werden nicht nur auf die unmittelbaren Nachwirkungen begrenzt sein, sondern zukünftige Generationen werden unter den Langzeitauswirkungen leiden und mit ernsten medizinischen und genetischen Defekten geboren werden.

Daher ist es meine Überzeugung, dass zur Etablierung des Weltfriedens wahre Gerechtigkeit erforderlich ist, und die Gefühle und religiösen Bräuche aller Menschen geehrt werden sollten. Ich schätze es sehr, dass viele westliche Länder Menschen aus armen und unterentwickelten Nationen großzügig gestattet haben, sich in ihren jeweiligen Ländern niederzulassen, unter denen auch Muslime sind. Zweifellos gibt es eine Minderheit sogenannter Muslime, die sich völlig unangemessen verhält und Misstrauen in den Herzen der Menschen aus den westlichen Nationen schürt Es muss klar sein, dass deren Taten keinesfalls etwas mit dem Islam zu tun haben. Solche Extremisten lieben den Heiligen Propheten Muhammad[saw] nicht wirklich, der der Welt eine Botschaft des Friedens, der Liebe und der Versöhnung brachte. In der Tat sollten die Handlungen von lediglich einer Handvoll irregeleiteter Menschen nicht als Basis dafür verwendet werden, Einwände gegen unsere Religion zu erheben und die Gefühle der Mehrheit von aufrichtigen und unschuldigen Muslimen zu verletzen. Frieden in der Gesellschaft ist ein wechselseitiger Prozess und kann nur etabliert werden, wenn alle Parteien zusammen arbeiten in Richtung gegenseitiger Versöhnung. Aufgrund des Misstrauens in den Herzen der Menschen im Westen verschlimmert sich die Reaktion einiger Nicht-Muslime von Tag zu Tag und verursacht eine Kluft zwischen der muslimischen und nicht-muslimischen Welt, statt dass sich die Beziehungen zwischen Nationen und Menschen verbessern.

Wir beobachten, dass auf Basis irregeleiteter Handlungen bestimmter muslimischer Gruppierungen und Nationen den eigennützigen Interessen einiger Großmächte Vorzug gegeben wird vor Ehrlichkeit und Gerechtigkeit. Einige der mächtigen Länder der Welt wünschen sich, leichten Zugang zu erlangen zum Reichtum und den Ressourcen bestimmter Länder und wünschen sich, konkurrierende Länder davon abzuhalten, kompletten Zugang zu diesen selben Ressourcen zu haben. Deshalb werden oftmals Entscheidungen getroffen auf der Basis, den Menschen helfen zu wollen oder den Weltfrieden zu etablieren. Ferner ist ein großer Faktor, der den aktuellen politischen Umständen in der Welt zugrunde liegt, der ökonomische Abschwung, der uns in Richtung eines weiteren Weltkrieges zieht. Wenn wirklich die Wahrheit dargelegt werden würde, dann würden manche dieser Länder voneinander in gerechter Art und Weise Nutzen ziehen, indem ordentliche industrielle und wirtschaftliche Bande geknüpft werden, auf Grundlage ehrlicher Handlungsweise. Sie würden nicht versuchen, unrechtmäßigen Nutzen aus den beiderseitigen Ressourcen zu ziehen, sondern würden sich bemühen, zusammen zu kommen und einander gegenseitig zu unterstützen. Kurzum, die heute in der Welt vorherrschende Unordnung basiert auf einem vorrangigen Faktor, und dieser ist der völlige Mangel an Gerechtigkeit, welcher weitverbreitete Unruhe und Furcht verursacht.

Daher ist meine Bitte, dass Sie sich aufs beste darum bemühen, den Ausbruch eines Weltkrieges zu verhindern. Wenden Sie all Ihre Energie, Ressourcen und all Ihren Einfluss auf, um die Welt vor der fürchterlichen Zerstörung zu bewahren, die sich deutlich abzeichnet. Berichten zufolge wird Deutschland Israel drei hochentwickelte U-Boote zukommen lassen, die mit nuklearen Waffen bestückt werden könnten. Ein deutscher Professor hat erklärt, dass solch eine Entscheidung nur dazu beitragen wird, die ohnehin schon erhöhten Spannungen zwischen Israel und Iran weiter anzufachen. Wir dürfen nicht vergessen, dass nicht nur Großmächte der Welt nukleare Waffen haben sondern auch ziemlich kleine Länder mittlerweile Atomwaffen besitzen. Was besorgniserregend ist, ist dass in einigen dieser kleinen Länder die Herrscher kriegslüstern sind und unbesorgt scheinen, ob der Konsequenzen durch den Gebrauch solcher Waffen. Daher, einmal mehr, ist meine demütige Bitte an Sie, Ihr bestmöglichstes zu versuchen, den Weltfrieden zu etablieren. Falls wir in dieser Aufgabe versagen, sollten wir keine Zweifel darüber haben, dass ein nuklearer Konflikt eine Verheerung verursachen wird, die dazu führen wird, dass Generation um Generation mit Mängeln geboren werden werden, und sie niemals ihren Älteren dafür vergeben werden, sie in eine globale Katastrophe geführt zu haben. Möge Gott, der Allmächtige, Sie und alle Weltpolitiker dazu befähigen, diese Botschaft zu verstehen.

Mit besten Wünschen und Gebeten,

Hochachtungsvoll,

Mirza Masroor Ahmad
Khalifatul Masih V.
Oberhaupt der weltweiten
Ahmadiyya Muslim Gemeinde

Brief an den Präsidenten der Republik Frankreich

15. April 2012

Präsident der Republik Frankreich
Seine Exzellenz Nicolas Sarkozy
Palais de l'Elysee
55, Rue du Faubourg Saint-Honore
75008 Paris
Frankreich

Sehr geehrter Herr Präsident,

im Lichte der sich rasch verändernden Umstände in der Welt erachtete ich es als notwendig, Ihnen zu schreiben, denn als Präsident von Frankreich besitzen Sie die Autorität, Entscheidungen zu treffen, die nicht nur die Zukunft Ihrer Nation, sondern auch die Zukunft der gesamten Welt beeinflussen können. Ich glaube, dass die Regierungen der Welt sehr besorgt sein sollten über den momentanen Zustand der Welt. Ungerechtigkeiten und Feindseligkeiten zwischen Nationen und in der Welt im Allgemeinen drohen in einen globalen Konflikt auszuarten. Im letzten Jahrhundert wurden zwei Weltkriege ausgetragen. Nach dem Ersten Weltkrieg wurde der Völkerbund etabliert - dennoch wurde der Anspruch der Gerechtigkeit nicht erfüllt, welches konsequenterweise zum Zweiten Weltkrieg führte, der in Verwendung von Atombomben gipfelte. Anschließend wurden die Vereinten Nationen gegründet, um die Menschenrechte zu beschützen und den Weltfrieden zu bewahren. So wurden die Mittel zum Vermeiden von Kriegen berücksichtigt, dennoch können wir heute beobachten, dass das Fundament für einen Dritten Weltkrieg bereits gelegt wurde. Zahlreiche Länder, sowohl kleine als auch große, besitzen Atombomben. Besorgniserregend ist, dass manche der kleineren Atommächte verantwortungslos und ignorant ob der verheerenden Konsequenzen solcher Waffen sind. Es ist nicht unvorstellbar, dass wenn Nuklearwaffen eingesetzt werden, die schrecklichen Auswirkungen davon umgehend sichtbar werden und jener Tag dem Tag des Jüngsten Gerichts gleichen wird. Die heute vorhandenen Waffen sind derart zerstörerisch, dass sie dazu führen könnten, dass Generation um Generation von Kindern mit ernsten genetischen und physischen Defekten geboren werden würden. Es wird gesagt, dass in Japan, dem Land, das die verheerende Zerstörung von atomarer Kriegsführung erfahren hat, sich selbst nach Ablauf von sieben Jahrzenten immer noch die Auswirkungen der Atombomben in neugeborenen Kindern zeigen.

Daher ist es meine demütige Bitte, dass Sie sich aufs Äußerste darum bemühen, die Feindseligkeiten und das Misstrauen zwischen der muslimischen und nicht-muslimischen Welt auszumerzen. Einige europäische Länder hegen erhebliche Vorbehalte bezüglich der Lehren und Tradition des Islam und haben bestimmte Einschränkungen beschlossen, während andere noch darüber beraten, wie dies geschehen soll. Die Feindseligkeit, die einige extremistische, sogenannte Muslime bereits gegenüber dem Westen hegen, könnte dazu führen, dass sie auf unangemessene Art und Weise reagieren, was zu weiterer religiöser Intoleranz und Uneinigkeit führen würde. Der Islam hingegen ist eine friedliebende Religion, die uns nicht lehrt, Falsches zu tun, um etwas Falsches zu stoppen. Wir, die Ahmadiyya Muslim Gemeinschaft, folgen diesem Prinzip und glauben an friedliche Lösungen für alle Angelegenheiten.

Traurigerweise sehen wir, dass eine kleine Minderheit von Muslimen ein völlig verzerrtes Bild des Islam präsentiert und gemäß ihrem irregeleiteten Glauben handeln. Ich sage aus Liebe zum Heiligen Propheten Muhammad[saw], der eine „Barmherzigkeit für die gesamte Menschheit" war, dass Sie nicht glauben sollten, dass jenes der wahre Islam sei, und daher solche irregeführten Handlungen nicht zum

Anlass dazu nehmen sollten, die Gefühle der friedlichen Mehrheit der Muslime zu verletzen. Kürzlich erschoss eine unbarmherzige und herzlose Person einige französische Soldaten im Süden Frankreichs ohne irgendeinen Grund, und dann einige Tage später betrat sie eine Schule und tötete drei unschuldige jüdische Kinder und einen ihrer Lehrer. Wir sehen solche Grausamkeiten auch regelmäßig in anderen muslimischen Ländern vorkommen und so liefern all diese Taten den Gegnern des Islam Brennstoff, um ihren Hass anzufeuern und eine Basis, auf der sie ihre Ziele auf großer Ebene verfolgen können. Als ein Muslim möchte ich absolut deutlich machen, dass der Islam keine Grausamkeit oder Unterdrückung in irgendeiner Art und Weise oder Form erlaubt. Der Heilige Koran hat das grundlose Töten einer unschuldigen Person gleich dem Töten der gesamten Menschheit erachtet. Dies ist eine Vorschrift, die absolut und ausnahmslos gilt. Der Koran erklärt weiterhin, dass selbst wenn irgendein Land oder Volk sich einem gegenüber feindselig verhält, dies einen nicht davon abhalten sollte, anders denn auf vollkommen gerechte und faire Art und Weise mit ihnen zu verfahren. Feindseligkeiten oder Rivalitäten sollten einen nicht dazu führen, Rache zu üben oder unverhältnismäßig zu handeln. Wenn gewünscht wird, Konflikte auf die beste Art und Weise zu lösen, so sollte sich darum bemüht werden, nach freundschaftlichen Lösungen zu suchen. Ich schätze es sehr, dass viele westliche Länder Menschen aus armen und unterentwickelten Nationen, unter denen auch Muslime sind, großzügig gestattet haben, sich in ihren jeweiligen Ländern niederzulassen. In der Tat leben viele Muslime in Ihrem Land und sind daher auch Ihre Bürger. Die Mehrheit ist gesetzestreu und aufrichtig. Darüber hinaus erklärt der Islam deutlich, dass die Liebe zum eigenen Land Teil des Glaubens ist. Die Ahmadiyya Muslim Gemeinde befolgt und verbreitet diese Botschaft in der ganzen Welt. Dies ist auch meine Botschaft für Sie, dass wenn die wahre Lehre

des Islam überall verbreitet wird, dann werden die Erfordernisse, Liebe zum eigenen Land zu zeigen und Frieden innerhalb jedes Landes und auch zwischen den Ländern, in der Welt etabliert bleiben.
Meine demütige Bitte an Sie und alle Führer in der Welt ist es, anstatt Gewalt anzuwenden, um andere Nationen zu unterdrücken, Diplomatie, Dialog und Weisheit einzusetzen. Die Großmächte der Welt, so wie Frankreich, sollten ihren Anteil dazu beitragen, Frieden zu etablieren. Sie sollten nicht die Handlungen kleinerer Länder als Basis nutzen, um die Harmonie in der Welt zu stören. Daher bitte ich Sie erneut darum, sich aufs Beste darum zu bemühen, zu verhindern, dass die großen und kleinen Mächte sich in einem Dritten Weltkrieg bekämpfen. Wir sollten keine Zweifel darüber hegen, dass wenn wir in dieser Aufgabe versagen, die Auswirkungen und Nachwirkungen solch eines Krieges nicht nur auf die armen Länder Asiens, Europas und Amerikas begrenzt sein werden, sondern unsere zukünftigen Generationen die schreckliche Konsequenzen unseres Handelns ertragen werden müssen und Kinder überall in der Welt mit Behinderungen geboren werden. Ich bete, dass die führenden Weltpolitiker mit Weisheit handeln mögen und nicht zulassen werden, dass beidseitige Feindschaften zwischen Nationen und Völkern auf kleiner Ebene in einen globalen Konflikt ausufern. Möge Gott, der Allmächtige, Sie und alle Weltpolitiker dazu befähigen, diese Botschaft zu verstehen.

Mit besten Wünschen und Gebeten,
Hochachtungsvoll,

Mirza Masroor Ahmad
Khalifatul Masih V.
Oberhaupt der weltweiten
Ahmadiyya Muslim Gemeinschaft

Brief an Ihre Majestät, die Königin des Vereinigten Königreichs und des Commonwealth

19. April 2012

Ihre Majestät, Königin Elizabeth II.
Königin des Vereinigten Königreichs und
der Gebiete des Commonwealth
Buckingham Palace
London, SW1A 1AA
Vereinigtes Königreich

Ihre Majestät,

als Oberhaupt der Ahmadiyya Muslim Gemeinschaft und im Namen von Millionen von Mitgliedern der Ahmadiyya Muslim Gemeinschaft weltweit möchte ich Ihrer Majestät, der Königin, meine herzlichen Glückwünsche aussprechen anlässlich des diamantenen Thron-Jubiläums. Wir sind Gott, dem Allmächtigen, außerordentlich dankbar dafür, dass Er uns ermöglicht hat, an dieser prächtigen Feierlichkeit teilzuhaben. Insbesondere erfreuen sich alle Ahmadi-Muslime, die Bürger des Vereinigten Königreichs sind, sehr und sind stolz auf dieses Ereignis des Diamantjubiläums. Daher, in ihrem Namen, übermittle ich Ihrer Majestät aufrichtige und herzliche Glückwünsche. Möge Gott, der Erhabene, unserer hochherzigen Königin fortwährend Freude und Zufriedenheit gewähren.
Ich ersuche Gott, den Ehrwürdigen, Der die Himmel und die Erde geschaffen und diese mit unzähligen Segnungen für unseren Unterhalt angereichert hat, dass Er unserer Königin, deren großzügige Herrschaft viele souveräne Staaten und Commonwealth Nationen umfasst, stets Frieden, Ruhe und Sicherheit gewährt. Genauso wie Ihre Majestät von all ihren Untertanen, alt und jung, geliebt und respektiert wird, so ist es unser Gebet, dass Ihre Majestät von den Engeln Gottes geliebt wird. Möge der allmächtige und allgewaltige Gott Ihre

Majestät reichlich Seine zahllosen spirituellen Gaben und Segnungen bescheren, so wie Er ihr weltliche Segnungen im Überfluss gewährt hat. Mögen alle Bürger dieser großartigen Nation durch diese Segnungen befähigt werden, den Höchsten Gebieter zu erkennen und in Liebe und Zuneigung miteinander zu leben. Mögen alle Bürger des Vereinigten Königreichs ungeachtet von Farbe, Überzeugung, Nationalität oder Religion einander Respekt und Ehre zeigen, in solchem Maße, dass die positiven Auswirkungen und Einflüsse dieser Einstellung sich über diese Ufer hinaus erstrecken und sich auch bis zu Völkern anderer Länder in der Welt verbreiten. Möge die Welt, von der heute ein Großteil in Kriegen, Unruhen und Feindseligkeiten verwickelt ist, stattdessen eine Stätte des Friedens, der Liebe, der Brüderlichkeit und der Freundschaft werden. Es ist meine feste Überzeugung, dass die Vision und Bemühungen Ihrer Majestät eine wichtige Rolle in der Erreichung dieser entscheidenden und allumfassenden Ziele spielen kann.

Im letzten Jahrhundert wurden zwei Weltkriege ausgetragen, in denen Millionen von Leben verloren wurden. Falls heute die Missstände zwischen Nationen weiterhin zunehmen, wird dies letztendlich zum Ausbruch eines weiteren Weltkrieges führen. Der wahrscheinliche Gebrauch von Nuklearwaffen in einem Weltkrieg wird bedeuten, dass die Welt Zeuge unsäglicher und schrecklicher Zerstörung werden wird. Möge Gott das Eintreten einer solchen Katastrophe verhindern und mögen alle Menschen der Welt Weisheit und Vernunft annehmen. Es ist meine demütige Bitten an Ihre Majestät, die freudvollen Feierlichkeiten des Diamantjubiläums zu nutzen, um zum Wohle der Menschheit alle Menschen daran zu erinnern, dass alle Nationen, ob groß oder klein, dazu kommen sollten, in gegenseitiger Liebe, Frieden und Harmonie zu leben.

In diesem Zusammenhang, anlässlich des glücklichen Ereignisses des

Diamantjubiläums, möchte ich Ihre Majestät auch demütig darum bitten, der Welt die Botschaft zu übermitteln, dass die Anhänger jeder Religion und selbst diejenigen, die nicht an Gott glauben, immer die Gefühle der Anhänger irgendeiner anderen Religion achten und respektieren sollten. Heutzutage herrschen in der Welt Missverständnisse über den Islam vor. Dies verletzt einerseits die Gefühle friedliebender Muslime, während es andererseits zu Verachtung und Misstrauen gegenüber dem Islam in den Herzen der Nicht-Muslime führt. Daher wäre es eine Tat großer Freundlichkeit und ein Gefallen für die Anhänger aller Religionen, und tatsächlich für die ganze Welt, wenn Ihre Majestät allen Menschen dazu raten würde, respektvoll gegenüber den Religionen und ihren Anhängern zu sein. Möge Gott, der Erhabene, unserer Königin Seine Hilfe und Unterstützung gewähren in Erfüllung dieses Zieles.

Wie ich am Anfang dieses Briefes erwähnte, bin ich das Oberhaupt der weltweiten Ahmadiyya Muslim Gemeinschaft. In dieser Hinsicht möchte ich einen sehr kurzen Überblick unserer Gemeinschaft bieten. Die Ahmadiyya Muslim Gemeinschaft ist der festen Überzeugung, dass der Verheißene Messias und Reformer, der gemäß den Prophezeiungen des Heiligen Propheten Muhammad[saw] und vergangener Propheten dazu bestimmt war, in diesem Zeitalter zu erscheinen, niemand anderes ist als Hadhrat Mirza Ghulam Ahmad aus Qadian[as]. Im Jahre 1889 gründete er eine reine und rechtschaffene Gemeinschaft - die Ahmadiyya Muslim Gemeinschaft. Sein Zweck, diese Gemeinschaft zu gründen, war, eine Beziehung zwischen Mensch und Gott zu etablieren und die Menschen dazu zu bewegen, die Rechte von einander zu erfüllen, so dass sie in gegenseitigem Respekt und Wohlwollen leben können. Als Hadhrat Mirza Ghulam Ahmad[as] 1908 verstarb, hatte er ungefähr 400.000 Anhänger. Nach seinem Ableben wurde gemäß göttlichem Willen das System des Kalifentums etabliert und zurzeit ist dieser demütige Diener Gottes der Fünfte Kalif des Verheißenen Messias[as]. Daher bemüht sich die Ahmadiyya Muslim Gemeinschaft darum, die Mission ihres Gründers in der ganzen Welt weiterzuführen. Unsere Botschaft ist die der Liebe, Versöhnung und Brüderlichkeit und unser Motto ist „Liebe für alle, Hass für keinen". In der Tat bringt dies die wunderschönen Lehren des Islam in wenigen Worten zusammengefasst zum Ausdruck.

Es ist an dieser Stelle angebracht zu erwähnen, dass es ein erfreulicher Zufall ist, dass in der Ära des Gründers der Ahmadiyya Muslim Gemeinde das Diamantjubiläum Ihrer Majestät, Königin Viktoria, gefeiert wurde. Zu jener Zeit schrieb der Gründer der Ahmadiyya Gemeinschaft ein Buch namens „Ein Geschenk für die Königin", in welchem er eine Glückwunschbotschaft an Königin Viktoria niederschrieb. In seiner Botschaft gratulierte Hadhrat Mirza Ghulam Ahmad[as] der Königin zu ihrem Diamantjubiläum und für die Art und Weise, wie all ihren Untertanen ihrer Herrschaft, eingeschlossen der Menschen auf dem Subkontinent Indien, Gerechtigkeit und Religionsfreiheit gewährt wurde und dass sie in Frieden lebten. Er legte die wunderschönen Lehren des Islam dar und beleuchtete den Zweck seiner Ankunft und seines Anspruches. Obwohl den Menschen des Subkontinents mittlerweile von der Britischen Regierung die Unabhängigkeit gewährt wurde, ist die Tatsache, dass in Großbritannien die Regierung Menschen verschiedenen Hintergrunds und verschiedener Religionen gestattet hat, hier zu leben und ihnen gleiche Rechte, Religionsfreiheit und die Freiheit, ihren Glauben auszudrücken und zu verbreiten, gewährt hat, ein klarer Beweis für Großbritanniens hohen Standard an Toleranz.

Heute leben Tausende von Ahmadi-Muslimen im Vereinigten Königreich. Viele von ihnen sind hierher geflohen, um Zuflucht zu suchen vor Verfolgung, der sie in ihren eigenen Ländern ausgesetzt sind. Unter der großzügigen Herrschaft Ihrer Majestät erfreuen sie sich eines friedlichen Lebens, in dem sie Gerechtigkeit und Religionsfreiheit erhalten. Für diese Großzügigkeit möchte ich unserer noblen Königin noch einmal meinen tiefen Dank aussprechen. Ich möchte meinen Brief mit folgendem Gebet für Ihre Majestät beenden, welches gewissermaßen das gleiche Gebet ist, welches vom Gründer der Ahmadiyya Muslim Gemeinschaft für Ihre Majestät, Königin Viktoria, gesprochen wurde:

> „O mächtiger und erhabener Gott! Halte unsere verehrte Königin durch Deine Gnade und Segnungen stets glücklich, so wie wir unter ihrer großzügigen und gütigen Herrschaft glücklich leben. Allmächtiger Gott! Sei freundlich und liebevoll zu ihr, so wie wir in Frieden und Wohlstand unter ihrer großzügigen und freundlichen Herrschaft leben."

Weiterhin bete ich, dass Gott, der Erhabene, unsere verehrte Königin leiten mag, auf eine Weise, die Ihm gefallen mag. Möge Gott, der Allmächtige, auch die Nachkommen Ihrer Majestät leiten, dass sie sich der Wahrheit verschreiben und auch andere dazu führen mögen. Mögen die Attribute von Gerechtigkeit und Freiheit die führenden Prinzipien der britischen Monarchie bleiben. Noch einmal gratuliere ich Ihrer Majestät herzlich zu diesem überaus freudigen Ereignis. Ich spreche unserer noblen Königin meine herzlichen und aufrichtigen Glückwünsche aus.

Mit besten Wünschen und Gebeten,
Hochachtungsvoll,

Mirza Masroor Ahmad
Khalifatul Masih V.
Oberhaupt der weltweiten Ahmadiyya Muslim Gemeinschaft

Brief an das Staatsoberhaupt der Islamischen Republik Iran

14. Mai 2012

Staatsoberhaupt der Islamischen Republik Iran
Ayatollah Syed Ali Hosseini Khamenei
Teheran, Iran

Sehr geehrter Ayatollah,

Assalamo aleikum wa rahmatullahi wa barakatohu

Allah, der Allmächtige, hat Ihnen ermöglicht, dem Islam im Iran zu dienen und zurzeit fungiert auch die iranische Regierung unter Ihrer Schirmherrschaft. Dies erfordert, dass wir uns aufs Äußerste darum bemühen, der Welt die richtigen islamischen Lehren zu übermitteln. Als Muslime sollten wir darum bemüht sein, der Welt zu lehren, in Frieden, Liebe und Harmonie zu leben. Insbesondere müssen die muslimischen Führer dringend darauf achten. Aus diesem Grund ist es meine Bitte an Sie, die Aufmerksamkeit Ihrer Regierung auf deren Verantwortungen bezüglich der Etablierung des Weltfriedens zu lenken. Falls der Iran angegriffen wird, hat er das Recht, sich zu verteidigen, um das Land zu retten, dennoch sollte er nicht Aggressionen anstiften und nicht den ersten Schritt in Richtung irgendeines Konfliktes tun. Stattdessen sollten Anstrengungen unternommen werden, religiöse Differenzen beiseite zu lassen und zu versuchen, sich auf gemeinsame Werte zu einigen. Es ist eben diese Einstellung, die wir in der Geschichte des Islam vorfinden.

Ich schreibe Ihnen diesen Brief aus dem Grund, dass ich ein Glaubender an und der Nachfolger und Kalif des Verheißenen Messias und Imam Mahdi[as] bin, dessen Ankunft in diesem Zeitalter vom Heiligen Propheten Muhammad[saw] prophezeit wurde. Die Gemeinschaft, die er etablierte, ist bekannt als die Ahmadiyya Muslim Gemeinde. Durch die Gnade Allahs ist die Gemeinschaft mittlerweile in 200 Ländern der Welt verbreitet und hat Millionen von treuen Anhängern rund um den Erdball. Es ist unser inbrünstiger Wunsch, die Welt dahin zu führen, in gegenseitiger Liebe und Frieden zu leben. Zu diesem Zwecke erbitte ich die Aufmerksamkeit von Menschen aller Gesellschaftsschichten. So schrieb ich kürzlich an den Premierminister von Israel, den Präsidenten der Vereinigten Staaten von Amerika und auch anderen Weltpolitikern. Ich habe diesbezüglich auch Papst Benedikt XVI. geschrieben.

Als spiritueller Führer einer großen islamischen Nation hoffe ich, dass Sie zustimmen werden, dass wenn die gesamte muslimische Gemeinschaft sich vereint und zusammen arbeitet, der Weltfrieden etabliert werden kann. Wir sollten nicht zwecklos Feindschaften und Groll anfachen, sondern nach Möglichkeiten suchen, Frieden und Ruhe zu etablieren. Weiterhin sollten selbst Feindseligkeiten oder Opposition gegenüber anderen nicht frei von Gerechtigkeit sein. Dies ist, was uns im Heiligen Koran gelehrt wurde:

> „O die ihr glaubt! Seid standhaft in Allahs Sache, bezeugend in Gerechtigkeit! Und die Feindseligkeit eines Volkes soll euch nicht verleiten, anders denn gerecht zu handeln. Seid gerecht, das ist näher der Gottesfurcht. Und fürchtet Allah; wahrlich, Allah ist kundig eures Tuns.“ *(Sura Al Maidah, 5:Vers 9)*

Möge Allah die gesamte muslimische Ummah und alle muslimischen Regierungen befähigen, meine Botschaft zu verstehen, so dass sie sich darauf vorbereiten mögen, ihre jeweilige Rolle zu spielen, in der Bemühung, Frieden in der Welt zu etablieren.

Es ist meine Liebe für die Menschheit, herausentwickelt aus einer Liebe für die gesamte muslimische Gemeinschaft, und auch weil ich selbst Mitglied der Gemeinschaft der „Barmherzigkeit für die gesamte

Menschheit" bin, die mich dazu geführt hat, diesen Brief zu schreiben. Möge Allah die Führer in der Welt dazu befähigen, meine Worte zu verstehen und mögen sie aktiv ihren Anteil dazu beitragen, den Weltfrieden zu etablieren. Andernfalls, wenn die Hast und Rücksichtslosigkeit irgendeiner Nation zu einem ausgewachsenen Krieg zwischen zwei Nationen führt, wird solch ein Konflikt nicht nur auf jene Länder begrenzt bleiben, sondern die Flammen des Krieges werden die ganze Welt erfassen. Daher ist es vollkommen plausibel, dass ein Weltkrieg ausbrechen wird, welcher nicht mit konventionellen Waffen ausgetragen werden wird, sondern mit Atomwaffen. Ein nuklearer Krieg wird in solch schrecklichen und verheerenden Konsequenzen enden, dass dessen Auswirkungen nicht nur die zu jener Zeit in der Welt anwesenden betreffen werden, sondern die Langzeitauswirkungen eines solchen Krieges würden den zukünftigen Generationen das schreckliche „Geschenk" bescheren, mit Behinderungen und Defekten geboren zu werden. Aus diesem Grunde sollte kein Land annehmen, dass es vor der bevorstehenden Zerstörung sicher sei.

Daher bitte ich Sie erneut, im Namen Allahs und Seines Gesandten und aus Mitgefühl und Liebe für die Menschheit, Ihren Anteil an der Etablierung von Frieden in der Welt beizutragen.

Mit besten Wünschen und Gebeten,

Wassalam,
Hochachtungsvoll,

Mirza Masroor Ahmad
Khalifatul Masih V.
Oberhaupt der weltweiten
Ahmadiyya Muslim Gemeinschaft

Stichwortverzeichnis

Symbole

A

B

C

D

E

F

G

H

I

J

K

Anmerkungen des Herausgebers

Gemäß unserer Zählweise wird der Vers *Bismillah irrahman ir-rahiem* (im Namen Allahs, des Gnädigen, des immer Barmherzigen) stets als erster Vers eines Koran-Kapitels (Sura) gezählt. Einige Herausgeber von Koran-Ausgaben beginnen mit der Zählung erst nach *Bismillah irrahman irrahiem*. Sollte der Leser den Vers also nicht unter der in diesem Buch wiedergegebenen Nummer finden, sei es ihr oder ihm geraten, von der Zahl Eins abzuziehen.
Die folgenden Abkürzungen wurden verwendet. Leser werden gebeten, die vollständigen Formeln zu gebrauchen:

saw *„sallallahu alaihi wa sallam“* bedeutet: *„Frieden und Segnungen Allahs seien auf ihm“* und wird im Anschluss an den Namen des Heiligen Propheten Muhammad[saw] gebetet.

as *„alaihis salam“* bedeutet: *„Friede sei auf ihm“* und wird im Anschluss an die Namen von allen übrigen Propheten gebetet.

ra *„radi-Allahu anhu/anha/anhum“* bedeutet: *„Möge Allah Gefallen an ihm/ihr/ihnen haben“* und wird im Anschluss an die Namen der Gefährten des Heiligen Propheten Muhammad[saw] oder des Verheißenen Messias[as] gebetet.

rh *„rahmatullah alaih“* bedeutet: *„Möge Allah ihm gnädig sein“* und wird im Anschluss an die Namen von verstorbenen frommen Muslimen gebetet, die keine Gefährten des Heiligen Propheten Muhammad[saw] oder des Verheißenen Messias[as] waren.

Zum Autor

Seine Heiligkeit Mirza Masroor Ahmad[atba]
Fünfter Kalif des Verheißenen Messias und
Oberhaupt der Ahmadiyya Muslim Jamaat

Seine Heiligkeit Mirza Masroor Ahmad[atba] ist der fünfte Kalif der weltweit aktiven Ahmadiyya Muslim Jamaat. Der Kalif ist das geistige Oberhaupt von mehreren zehn Millionen Mitgliedern weltweit, darunter ca. dreißig Tausend in Deutschland Lebenden. Er wurde 1950 in Rabwah, der weltweiten Gemeindezentrale in Pakistan, geboren. 1976, nach der Erlangung des akademischen Grades des Masters of Science in Agrarwirtschaft, verpflichtete er sich der Gemeinde und wurde sodann vom damaligen Kalifen nach Ghana beordert, um in einem der zahlreichen humanitären Projekte der Gemeinde in Afrika u. a. die Agrarwirtschaft im Lande zu verbessern. Unter seiner Führung gelang es einem Team dann auch, zum ersten Mal in Ghana Weizen anzubauen, was als ein Meilenstein in der landwirtschaftlichen Entwicklung Ghanas angesehen wird. 1985 kehrte er nach Pakistan zurück und bekleidete dort in der Gemeinde leitende Ämter im Bereich der Finanzen, Bildung und Erziehung. Am 22. April 2003 wurde er schließlich zum Khalifatul Masih V, dem 5. Nachfolger des Verheißenen Messias[as], gewählt.

Kein weltlicher Anspruch

Im Kontext eines um sich greifenden falschen Verständnisses des Islam, gilt zu erwähnen, dass der Kalif eine völlig apolitische Institution repräsentiert. Rein geistig und bedingungslos friedlich ruft das spirituelle Oberhaupt in seinen weltweit ausgestrahlten Ansprachen zum Frieden in der Welt auf, wobei im Vordergrund steht, dass individueller, nationaler und globaler Frieden ohne eine Hinwendung zu Gott nicht gelingen kann. Abseits blindem und irrationalem Dogmatismus liegt der Fokus jedoch auf ein Religionsverständnis, dass durch eine Symbiose von Glauben und Vernunft glänzt und dadurch in der geistigen Welt einen revolutionären Anspruch hegt.

Für was steht der Kalif ein?

Bedenkt man die unheilige Rolle, die sogenannte Muslime in der Welt spielen, ist das Verdienst des Kalifen für ein friedliches und gerechtes Miteinander nicht zu unterschätzen. Es tritt ein für

- Überbringung der Botschaft des Verheißenen Messias des Islam, wonach individueller, sozialer und internationaler Frieden nur durch eine Hinwendung zu unserem Schöpfer möglich ist. Dabei ist die Verbindung zwischen Mensch und Gott lebendig, denn Gott offenbart sich nach wie vor dem Menschen und Erlösung ist nur möglich, wenn der Mensch tatsächliche Erkenntnis von Gottes Wesen gewinnt.
- Barmherzigkeit gegenüber allen Menschen
- absolute Gerechtigkeit
- Gegen die Unterdrückung der Frau und für Gleichwertigkeit zwischen den Geschlechtern
- Trennung von Staat und Religion
- Menschenrechte, so wie sie im Koran festgelegt sind.
- Zugang und Förderung zu Bildung für die gesamte Weltbevölkerung

Kontaktadressen

Bei Fragen stehen wir Ihnen gerne zur Verfügung:

Ahmadiyya Muslim Jamaat e.V. in Deutschland
Genferstrasse 11
60437 Frankfurt am Main, Deutschland
Tel.: +49 (0)69 50 68 87 41
Fax: +49 (0)69 50 68 87 43
www.ahmadiyya.de
E-Mail: kontakt@ahmadiyya.de

Ahmadiyya Muslim Jamaat Schweiz
Mahmud Moschee
Forchstrasse 323
8008 Zürich, Schweiz
Tel.: +41 (0)44 381 55 70
Fax.: +41 (0)44 382 21 81
www.ahmadiyya.ch
E-Mail: info@ahmadiyya.ch

Ahmadiyya Muslim Gemeinde Österreich e.V.
Sandrockgasse 22
A-1240 Wien, Österreich
Tel.: +43 1 26 46 391
Fax: +43 1 31 77 391
www.ahmadiyya.at
E-Mail: office@ahmadiyya.at